历史的丰碑丛书

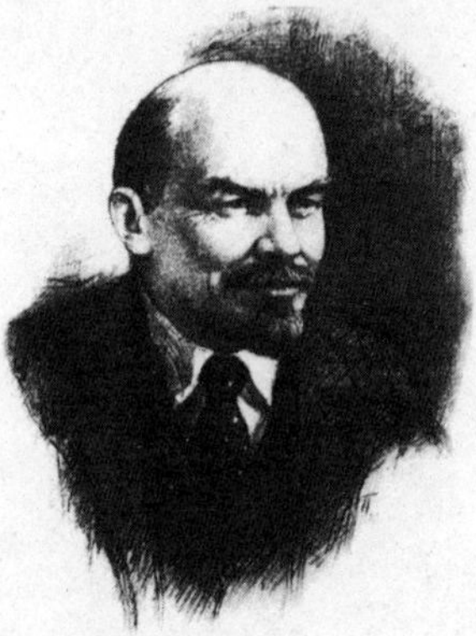

政治家卷

# 第一个社会主义国家的领袖
# 列　宁

何　成　编著

吉林人民出版社

**图书在版编目(CIP)数据**

第一个社会主义国家的领袖——列宁 / 何成编著.
--长春：吉林人民出版社，2011.4（2025.4 重印）
（历史的丰碑丛书）
ISBN 978-7-206-07597-1

Ⅰ.①第… Ⅱ.①何… Ⅲ.①列宁，V.I.（1870~1924）-生平事迹-青年读物②列宁，V.I.（1870~1924）-生平事迹-少年读物 Ⅳ.
① A732-49

中国版本图书馆 CIP 数据核字 (2011) 第 039435 号

# 第一个社会主义国家的领袖 列宁
DIYIGE SHEHUI ZHUYI GUOJIA DE LINGXIU  LIENING

编　著：何　成
责任编辑：王　丹　　　　　封面设计：孙浩瀚
制　作：吉林人民出版社图文设计印务中心
吉林人民出版社出版 发行（长春市人民大街7548号 邮政编码:130022）
印　刷：北京一鑫印务有限责任公司
开　本：787mm×1092mm　　1/16
印　张：8　　　　　　　　字　数：72千字
标准书号：ISBN 978-7-206-07597-1
版　次：2011年4月第1版　　印　次：2025年4月第3次印刷
定　价：35.00元

如发现印装质量问题，影响阅读，请与出版社联系调换。

## 编者的话

"欲知大道，必先为史"。

回溯人类的足迹，人们首先看到的总是那些在其各自背景和时点上标志着社会高度和进步里程的伟大人物。他们是历史的丰碑，是后世之鉴。

黑格尔说："无疑，一个时代的杰出个人是特性，一般说来，就反映了这个时代的总的精神。"普希金说："跟随伟大人物的思想是一门引人入胜的科学。"

以史为鉴，面向未来。作为21世纪的继往开来者，我们觉得，在知史基础上具有宽广的知识结构、开阔的胸襟和敏锐的洞察力应是首要的素质要求，而在历史的大背景

◆ 历史的丰碑丛书

中追寻丰碑人物的思想、风范和足迹，应是知史的捷径。

考虑到现代人时间的宝贵，我们期盼以尽量精短的篇幅容纳尽量丰富的信息，展现尽量宏大的历史画卷和历史规律。为此，我们编撰了这套丛书。

编撰丛书的过程，也是纵览历代风云、伴随伟人心路、吸收历史营养的过程。沉心于书页，我们随处感受着各历史时期伟大人物所体现的推动历史进步的人类征服力量。我们随着伟人命运及事业的坎坷与辉煌而悲喜，为他们思想的深邃精湛、行为的大气脱俗而会意感慨、拍案叫绝。

然而，在思想开始远游和精神获得享受的同时，我们也随之感受到历史脚步的沉重

### 编者的话

和历史过程的曲折。社会每前进一步都是艰难的，都伴随着巨大的痛苦和付出。历史的伟大在于它最终走向进步，最终在血污中诞生了鲜活的"婴孩"。

历史有继承性和局限性，不能凭空创造。伟人也有血肉，他们的思想、行为因此注定了同样具有历史的局限性和阶级的、时代的烙印；他们的功业建立于千千万万广大人民群众伟大创造的基础上。历史是人民群众创造的，伟大的人物们是历史和时代造就的。同时，我们也无法否定此间他们个人的努力。这也正是我们编撰这套丛书的目的。

我们期盼着这套丛书得到社会的认同，对读者，特别是青少年读者之历史感、成就感和使命感的培养有所裨益。史海浩瀚，群

◆ 历史的丰碑丛书

星璀璨。我们以对广大青少年读者负责的精神，精心遴选，以助力青少年成长进步，集结出版了《历史的丰碑》系列丛书，敬请读者批评、指正。

历史的丰碑丛书

## 编委会

策　划：胡维革　吴铁光
　　　　林　巍　冯子龙
主　编：胡维革　邢万生
副主编：贾淑文　谷艳秋
编　委：（按姓氏笔画为序）
　　　　于二辉　刘士琳
　　　　刘文辉　孙建军
　　　　李艳萍　吴兰萍
　　　　杨九屹　隋　军

列宁是全世界无产阶级及其他劳动人民的伟大领袖和导师，是俄国布尔什维克党的创始人，世界上第一个社会主义国家的缔造者。他一生的成长和战斗历程、实践和理论活动，给国际无产阶级及其政党、革命志士、广大青年，树立了光辉典范。

# 目 录

列宁的家庭和社会环境 ◎ 001

刻苦学习,投身革命 ◎ 007

在俄国建立马克思主义政党 ◎ 021

指导俄国的三次革命运动 ◎ 036

巩固新政权,建设新社会 ◎ 051

建立共产国际,支援被压迫民族 ◎ 061

艰苦朴素,关心和联系群众 ◎ 073

以身作则,鞠躬尽瘁 ◎ 090

历史的丰碑丛书

## 列宁的家庭和社会环境

> 逆境是通往真理的第一段道路。
> ——拜 伦

19世纪70年代,在沙皇反动统治下的俄国,在一个知识分子的家庭里,诞生了一位曾对俄国历史进程起到关键性作用并取得辉煌成就的伟大人物、革命家——列宁。

→列宁的父亲

列宁的全名是弗拉基米尔·伊里奇·乌里扬诺夫。列宁是他参加革命活动后而使用的姓。

列宁于1870年4月22日（俄历10月），出生在俄国美丽的伏尔加河畔的辛比尔斯克城。他的父亲伊里亚·尼古拉也维奇·乌里扬诺夫，是那时俄国具有民主主义进步思想的一位中学教师。后来，被任命为辛比尔斯克省国民教育厅的视察员，因他多年兢兢业业，从事国民教育工作，成绩突出，被晋升为省国民教育总监，并获得贵族称号。

列宁的母亲玛丽亚·亚历山大罗夫娜，是俄国一位医务工作者的女儿，婚前曾经住在农村，虽未读过正规学校，但由于她勤奋好学，后来通过严格考试，获取小学教师的职业。她博览群书、知识丰富并擅长外语和音乐。亚历山大罗夫娜十分关心孩子们的学习和品德教育，终日

↓ 1887年学生时代的列宁

第一个社会主义国家的领袖 **列宁**

为他们操劳。

乌里扬诺夫一家,包括列宁在内共有6个孩子,即伊里奇,还有亚历山大——列宁的哥哥,安娜——列宁的姐姐,奥里娅——列宁的妹妹,德米特里——列宁的弟弟,玛利娅——列宁最小的妹妹。除奥里娅早逝外,其余的几个孩子,后来都成为革命家,有的牺牲在沙皇政府的屠刀下,有的成为布尔什维克党员、坚定的共产主义战士。

列宁的少年和青年时代,是在俄国的伏尔加河流域的一些省份,如辛比尔斯克、喀山以及萨马拉度过的。这些省份,那时工业落后,农村自然经济和半自

→ 列宁的母亲

→列宁一家，右一坐者是列宁，时年9岁。

然经济占优势，是标本式的农民省份。在那里，他自幼接触和了解到的都是农村的简陋景象、农民贫困和愚昧的生活，以及笼罩在此地的奴役和剥削。在他与农村劳动者往来过程中，还见到许多弱小民族，受大俄罗斯民族压迫的情景。所以，在列宁的心灵中，早就打上憎恨剥削、厌恶压迫的烙印。

列宁的求学时代，适值俄国最黑暗、最反动的历史时期。列宁后来称这一历史时期是"暴戾恣睢、荒谬绝伦、穷凶极恶"的反动年代。那时沙皇专制政府，残酷地镇压工人运动，疯狂地向革命群众讨伐。尤其

第一个社会主义国家的领袖　列宁

《伏尔加纤夫》列宾在19世纪80年代初创作的批判现实主义油画中的杰作

是在1881年俄国皇帝亚历山大二世被民意党人刺杀后，专制政府急忙把过去革命者所争取到的微小改良，都化为泡影。工人的日子越来越不好过，农民被地方官员任意宰割，革命知识分子遭到追捕，一切进步书刊都被封禁。与此同时，反动统治者在国民教育方面，也采取了严厉措施。在校园里，警察横行，特务猖獗。反动势力妄图把青年学生培养成为专制制度服务的忠实奴仆。

沙皇政府的暴戾，工农大众的痛苦，阶级压迫和民族压迫的加深，这一切都历历在目，对列宁革命思想的形成，产生了不可磨灭的影响。

## 相关链接

### 列宁打碎花瓶的故事

有一次母亲带着列宁到姑妈家中做客。小列宁把姑妈家的一只花瓶打碎了。于是,姑妈问孩子们:"是谁打碎了花瓶?"小列宁因为害怕受姑妈批评,便跟着其他孩子一起说:"不是我!"然而,母亲猜到花瓶是淘气的小列宁打碎的,因为这孩子特别淘气,在家里经常发生类似的事情。但是,小列宁向来是主动承认错误,从未撒过谎。她装出相信儿子的样子,一直没有提起这件事,而是给儿子讲诚实守信的美德故事,等待着儿子能主动承认。有一天,小列宁突然在妈妈讲故事时失声大哭起来,痛苦地告诉妈妈:"我欺骗了姑妈,我说不是我打碎了花瓶,其实是我干的。"听了孩子羞愧难受的述说,妈妈耐心地安慰他,告诉他只要向姑妈写信承认错误,姑妈就会原谅他。于是,小列宁马上起床,在妈妈的帮助下,向姑妈写信承认了错误。从此以后,列宁没有再说谎,长大以后,他也通过诚信这种可贵的品质获得了人民的支持。

第一个社会主义国家的领袖 **列宁**

## 刻苦学习,投身革命

> 真理是隐藏在深渊之中。
> ————德谟克利特

列宁是伟大的马克思主义者、杰出的政治活动家。他自幼刻苦学习、掌握文化知识;青年时代,发奋读书,投身革命,成为学识渊博的无产阶级革命家。

列宁幼年聪明活泼,从5岁开始学习文化。在小学阶段,已经学会诵读、算术、自然常识等许多文化知识;9岁进入辛比尔斯克省中学,由于他刻苦学习,成绩突出,在班级中一直名列前茅,并且因品学兼优,曾获得学校颁发的金质奖章。在校期间,列宁努力学好各门课程,学习成绩卓著,每次升级都受到学校和老师的表彰。

列宁在中学读书时,充分利用课外时间,精心阅读19世纪中叶俄国伟大民主主义作家——杜布洛留波夫、车尔内舍夫斯基、赫尔岑的文艺作品。他特别重视书中描绘的、具有刚强性格的人物,尤其注意那些

列宁的姐姐安娜

富于革命理想和具有高尚品德的主人翁。他除了读公开出版的革命民主主义作品外,还仔细阅读在当时被政府列为的"违禁作品",如涅克拉索夫的诗集等。在读这些书籍时,他充分注意作品的写作年代、背景,吸取其思想精华,用革命的立场观点武装自己。

对列宁产生最大影响的是马克思主义著作。列宁开始接触马克思主义作品,是从他哥哥亚历山大那里获得的。亚历山大·乌里扬诺夫曾是喀山大学的优等生、民意党(当时主张推翻沙皇专制制度的民主派知识分子的民间组织)青年小组的成员。他于1885年和1886年就读于彼得堡大学数理系,在暑假期间从彼得堡返家时,带来马克思的《资本论》。列宁手不释卷地

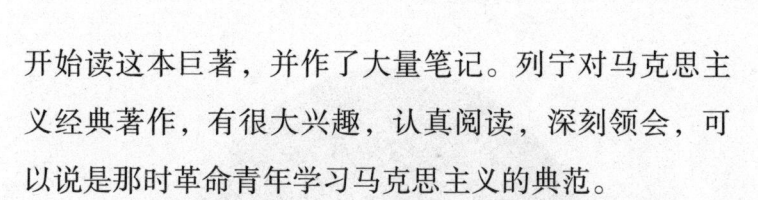

开始读这本巨著,并作了大量笔记。列宁对马克思主义经典著作,有很大兴趣,认真阅读,深刻领会,可以说是那时革命青年学习马克思主义的典范。

列宁学习马克思主义,总是本着学以致用的原则。他的姐姐安娜·乌里扬诺娃回忆时说:"他非常热烈与兴奋地向我叙说马克思理论的基本原理,以及这个理论所展开的新眼界……从他每一句话中间都显露出一种使听者也受其熏陶的坚强信念。他还在当时就已善于用自己的言辞说服他人,诱导他人。还在当时,他在研究某种问题找到新道路时,就一定要和别人讨论这种心得,就一定要说服同志。"

列宁学习马克思主义理论是卓有成效的。这从他的中学作文中就体现出来了。他在中学高年级读书时,有一次校长检查学生作文。当校长把作文还给列宁时,用一种很不满意的口气责问:"你在这里写的究竟是些什么被压迫阶级呢?这些究竟与你有何相干?"可见,在中学读书期间,列宁就有了爱憎分明的阶级立场。

列宁在马克思主义思想的熏陶下逐步成熟起来。1887年是他生活中的转折点。这年的3月1日,列宁的哥哥在彼得堡因参加谋刺沙皇被捕。同时被捕的,还有他的姐姐安娜。乌里扬诺夫家庭的密友卡施卡达莫娃回忆这段历史时说,她首先得到由彼得堡传来的关

←列宁的哥哥亚历山大

于亚历山大被捕的通知,便把列宁从中学里叫出来,以便和他商量怎样把这个不幸的消息转告给他的母亲。列宁读过书信以后,锁紧眉头,缄默多时。"当时坐在我面前的,已不是先前那样一个无忧无虑的、逍遥自在的小孩子,而是一个对重要问题深思熟虑的成年人。"列宁说:"事情很严重哩,亚历山大也许会遭到不幸的结局。"事情正如列宁所预料的那样,当乌里扬诺夫全家想挽救长子生命的一切办法失败后,1887年5月8日亚历山大被杀害。哥哥的牺牲,使列宁的心情十分沉痛。他虽然敬佩哥哥的英勇就义精神,但他不

同意哥哥用恐怖手段同专制制度做斗争,认为这是一条错误道路。列宁闻知亚历山大用炸弹炸死沙皇的消息时说:"不,我们决不走这样的道路。所应走的不是这样的道路。"可见,中学时代的列宁,在对敌斗争策略上,已有了自己独立的见解。

在大学读书期间,列宁因参加学生运动,被学校开除学籍,剥夺了他学习的机会。1889年秋,列宁打算取得以校外生资格参加某个大学法政系毕业考试。当时教育总长在列宁的申请书上批道:"应询问教育局长和警察局对他的估计。"警察局长回答这个询问时说:"乌里扬诺夫在喀山时曾被发觉与某些危险分子来往,其中有些人现已因祸国罪被控告提交审讯了。"于

列宁年轻时生活的地方——辛比尔斯克

是列宁的申请被否决。直到1890年春，当局才允许列宁以校外生资格在彼得堡大学法政系参加毕业考试。同年8月末，列宁前往彼得堡去探问参加考试的条件和内容后，一回到萨马拉（当时全家住在此地），就开始发愤研究法律学，认真准备考试。那时列宁才20岁。他必须在短短的一年中，把大学全部四年的课程自修完毕。此外，在递交考试委员会的申请书中又需附上一篇在家里作成的刑法论文。在考试委员会中应考时，必须对委员提出的各种问题作书面回答，然后又要加试罗马法制的教条和历史、民法、商法、刑法和俄国法制史、教会法、国家法、国际法、政治经济学、统计学、财政法、法律大全以及法权史。为应付所有这一切，必须认真自修大量的专门课程。

列宁的姐姐安娜在叙述他准备考试的情形时说："当时使许多人惊奇的，是他虽被开除大学学籍，而竟能在短短的一年当中，没有任何人帮助，且未经过任何学年考试和学期考试，却终究准备得如此好，而一下子就把全部课程考试完毕。除他卓越的本事外，促成此举的，是他那种巨大的工作能力。"列宁冬季在家里，夏季在附近亚拉卡也夫克村，孜孜不倦地学习。在村里"他在一条茂密的菩提树荫道中间，为自己布置了一个单独的书房。每日清晨吃完早饭，就带着大批书本，跑到那里去，如此严守时间，似乎有一位严峻的教师在等候他到课堂听讲一样"。在那里，他静心攻读，一直到午后3点吃饭时为止。为了不妨碍他的学习，乌里扬诺夫家人，谁也没到这条林荫道上去过。

　　1891年春季和秋季举行的彼得堡大学两次毕业考试中，列宁取得优秀的成绩，在33个应考生中，只有他一人对所有一切科目，都获得最高的分数。法科考试委员会决定给予他最优等的毕业文凭。1892年1月，列宁在萨马拉注册为法律律师助手，从3月起在萨马拉州审判厅上担任辩护律师工作。他所辩护的人，主

→列宁在演讲

←冬宫

要是贫苦农民,即在伏尔加河一带经受饥荒、贫困的俄罗斯人、鞑靼人。

列宁在喀山大学法政系读书期间,很快和该校的革命者建立联系。在大学生中间,他满怀革命激情、坚毅果敢、博学多闻,并且胸有成竹地坚持着自己从事革命活动的原则。沙皇政府在校园里实行高压政策,追究一切进步学生团体。学生因发表反政府言论,被关入禁闭室,或被逮捕。政府的高压政策,在学生中间引起了强烈的不满,学潮此起彼伏,连续不断。1887年12月4日,喀山大学掀起学运高潮,列宁积极地参加了学生运动。当夜,列宁在宿舍被捕。当时押送列宁到监狱去的警察所长对他说:"你这个年轻人,为什么要造反呢?横在你面前的是一座墙壁啊。"列宁

回答道:"是一座腐朽的墙壁,只须推撞一下,它就会倾覆的。"

在监狱里,一有机会学生便集合起来讨论问题。有一次学生们彼此发问:究竟他们打算出狱后做些什么?依次轮到列宁时,学生们就问他:"而你乌里扬诺夫打算将来做些什么事情呢?"列宁回答说:在他前面只有一条道路可走,这就是革命斗争的道路。

1887年12月5日,列宁被流放到喀山省一个偏僻的小村庄——柯什金诺村,受警察机关的严密监视。沙皇暗探局把列宁视为"最危险的革命分子"。宪兵通知喀山省省长说:被流放到柯什金诺村的列宁,"积极参加了在学生青年中间组织革命小组工作",因此,要对列宁施行特别的监视。关于列宁的一举一动,都有雪片式的密报送到警察局。列宁在偏僻的小村里度过

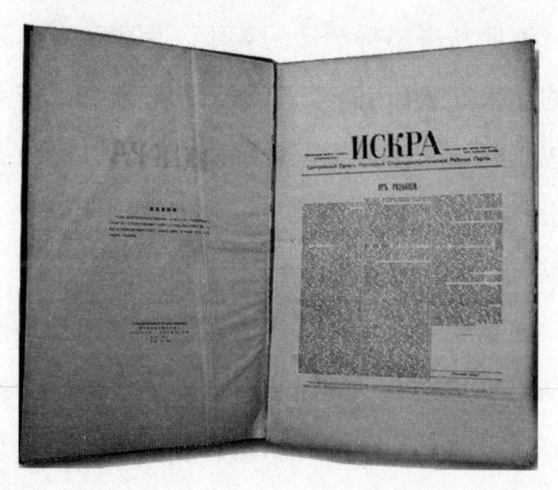

← 火星报

近一年的光阴。他博览群书，潜心自修，已表现出善于有系统地按周密考虑的计划从事学习和工作的能力。

1888年10月，列宁流放期结束，被当地政府允许回喀山城。当时列宁的母亲也携同年幼的子女住在该地。列宁在喀山结识了许多参加秘密革命小组的成员。那时，俄国革命活动家费多谢也夫，已在喀山组织了一些秘密革命小组。在小组里，主要是学习马克思主义革命学说，讨论俄国革命问题。列宁曾参加其中一个小组活动。他始终不渝地学习马克思主义理论。那时马克思主义在俄国传播是相当困难的，它受到各种阻碍。这种阻碍不仅来自沙皇反动政府警察、暗探的追究，而且来自"民粹派"的干扰。列宁评论80年代俄国的革命者时说："许多人在开始革命活动时，都是像民意党人那样思想的。几乎所有人，在幼年时期都热烈崇拜过那些从事恐怖活动的英雄。为要放弃这种英雄传统的迷人印象，就必须斗争，就必须和那些无论如何都想始终忠实于民意派思想而为年轻社会民主党人所十分尊敬的人们决裂。斗争使人不得不学习，使人不得不阅读各种派别的秘密作品。"

当时，马克思主义者在俄国为数极少。列宁是俄国第一批马克思主义者中间的成员。他还在年轻时就已认清民粹派道路是错误的，认清那种用恐怖手段和

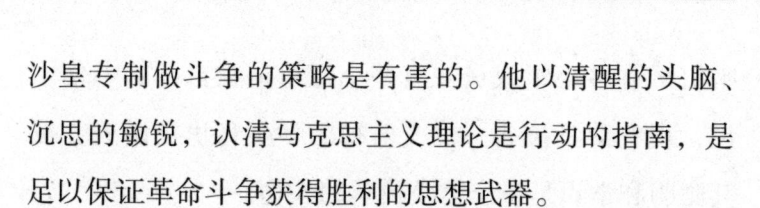

沙皇专制做斗争的策略是有害的。他以清醒的头脑、沉思的敏锐,认清马克思主义理论是行动的指南,是足以保证革命斗争获得胜利的思想武器。

喀山城中,秘密革命小组非常活跃,使警察机关深感不安。于是加强了镇压措施,搜捕革命者,列宁所在的革命小组也被破坏。因费多谢也夫小组成员大批被捕两个月之前,乌里扬诺夫全家都迁往萨马拉省定居,列宁才幸免于难。

列宁到萨马拉城时,已经是一位坚定的马克思主义者了。那时,萨马拉城是民粹主义思想占统治的阵地。列宁在该城学生小组中宣传马克思主义,向小组成员介绍马克思主义学说,批评民粹主义观点,因而

喀山大学

吸引了许多小组成员。有些小组组员在自己的书信中说，现在萨马拉有一位受监视的学生乌里扬诺夫，按其聪明和学识是一个出类拔萃的人物。

列宁在萨马拉住过4年。在这里，他最终形成了自己的马克思主义观点。他对于俄国历史和政治、经济的研究工作，以及在当地各小组宣读过的讲话文稿，成为他后来成熟著作的基础。与此同时，在列宁周围形成了第一个萨马拉马克思主义小组，这个小组对当地革命青年给予了很大影响。列宁那时还和俄国几个城市的马克思主义小组建立过联系，并与当时处在狱中的革命者秘密通讯。可见，列宁并没有因从事律师工作，而影响他积极投身革命活动。

可是，在萨马拉各小组中宣传马克思主义，以及和民粹派进行斗争，是不能使列宁得到满足的。在一个远离无产阶级革命运动和政治斗争中心的外省城市生活、工作和斗争，使列宁感觉沉闷，缺少生气。因此，他急于要到工业无产阶级中去，渴望到广阔的革命斗争舞台上去，到革命激流的浪潮中去锻炼自己。

第一个社会主义国家的领袖 列宁

## 相关链接
XIANGGUAN LIANJIE

### 逆境中的列宁

为了推翻沙皇政府，使人民获得解放，列宁被捕入狱，他在狱中写了大量的传单和小册子，以指导外面的工人运动。为了把这些文字顺利地传出去，他想了一个巧妙的方法，把字用牛奶写在要归还的书的空白处，干了以后一点也看不出来，然后乘家人来探望时把书带出去，用火一烘，字迹就出来了！

为了不让看守发现，他便用面包做成"墨水瓶"，里面灌上牛奶，偷偷地用它来写东西。有一次，列宁正沉浸在写作之中，不小心看守已开门走了进来，他急中生智，一口把小"墨水瓶"吃了下去。他曾在一封信中写道："我今天吃了六个'墨水瓶'"，就这样，列宁在狱中机智勇敢地坚持同敌人斗争。

列宁在监狱中被关押一年零两个月后，于1897年5月，被流放到西伯利亚东部偏僻的舒申斯克村。在艰苦的条件下，列宁依然充满着乐观精神，忘我地工作。在这三年的流放生活中，列宁完成了《俄国资本主义的发展》这部著作。此外，列宁还写了30多篇文章，翻译了两本书。期间，列宁还一直考虑着党的建设问题。这首先要办份报纸，才能把工人阶级紧密地团结在党的周围。为此，他勾勒了一个较为成熟的计划。

　　流放期满后，列宁到了国外，1900年12月，这份名叫《火星报》的报纸，终于在法国莱比锡出版了。《火星报》通过各渠道运回俄国，在工人手中秘密流传。列宁的名字，也随之传遍整个俄国。

　　经过长期的筹备工作，俄国社会民主工党代表大会，终于在比利时王国的首都布鲁塞尔召开了。经投票选举出党中央机关，以列宁为代表的马克思主义者获得了多数票。以列宁为首的布尔什维克党诞生了。从此，他开始领导人民走向胜利的明天！

第一个社会主义国家的领袖 **列宁**

# 在俄国建立马克思主义政党

> 理论脱离实践是最大的不幸。
> ——达·芬奇

要革命，必须建立革命的政党。这样的党，就是马克思主义政党。只有在它的领导下，才能保证革命

←广场上的列宁雕像

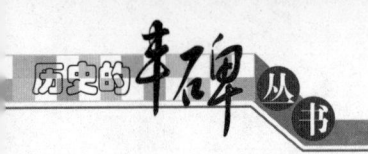

的胜利。列宁深知这个道理，在他从事革命活动的初期，就为建立这样的党而做出卓越的贡献。

马克思主义政党是科学社会主义理论与工人运动相结合的产物。列宁于1893年8月31日到俄国政治中心彼得堡，就非常重视把马克思主义、科学社会主义与工人运动结合起来。他到彼得堡时，正是工人运动高涨的前夜。由俄国革命家普列汉诺夫在1883年建立的"劳动解放社"，开始在俄国宣传马克思主义，做了迎接工人运动的第一步工作。这项工作，已达10年之久。在这一时期，俄国工人阶级随着资本主义发展而迅速增长，工人运动日益强大。当时，由于马克思主

圣彼得堡的冬宫

第一个社会主义国家的领袖 **列宁**

纸币上的列宁

义广泛传播,在俄国已出现一批马克思主义者。但是,马克思主义小组比较分散,也很少与工人运动相联系。这样,俄国的社会民主运动是很困难的。列宁后来称这一时期的革命运动,是社会民主运动"艰难增长"的时期。那时面临的迫切任务,就是要把各分散的马克思主义小组统一起来。

当时在彼得堡进行革命工作的有几个革命青年小组,列宁与其中的一个小组发生联系。但是,这个小组是一个闭关自守的马克思主义团体。该组成员,有的人虽与先进工人有联系并在其中进行马克思主义宣传工作,但是他们把马克思主义学说解释得很抽象,与现实政治生活不相联系。1893年秋,列宁在彼得堡出现，注意把社会民主党人团体引上与工人运动的实际斗争相结合的道路。由于列宁精通马克思主义学说的知识，善于把它应用于当时俄国政治经济环境的本领，确信工人事业胜利的信念，卓越的组织才能，就使他成了彼得堡马克思主义者所公认的领导者。

在创立俄国马克思主义政党的道路上，那时在革命者面前有两种障碍：民粹主义思想影响和"合法马克思主义"危害。虽然普列汉诺夫领导的"劳动解放社"在传播马克思主义方面，做了许多工作。但是，在思想上清除民粹主义的任务，还远未完成。这个任务，责无旁贷地落到列宁的肩上。1894年春夏，列宁已收集大量资料，结合反民粹主义斗争的实际，撰写一本名著《什么是"人民之友"以及他们如何攻击社会民主主义者？》，简称《什么是"人民之友"》。列宁在这本书中，揭露民粹派是假'人民之友'，实际上是人民的敌人；指出只有马克思主义者，才是真正的人民之友。这本书，是当时在俄国诞生着的革命马克思主义政党的真正宣言，它奠定了马克思政党世界观的基础，标志着列宁马克思主义世界观的最终形成。

列宁在清除民粹主义思想影响的同时，又反对了那些混进马克思主义运动中的暂时的"同路人"，即所谓的"合法马克思主义者"。"合法马克思主义者"，是

第一个社会主义国家的领袖　**列宁**

←列宁诞辰112周年纪念邮票

指在沙皇政府允许下，公开宣传马克思主义的人。"合法马克思主义者"，打着马克思主义的幌子，阉割它的革命内容，企图使工人运动服从资产阶级利益，把科学社会主义变成社会改良主义。列宁认为，在和民粹派斗争时，可以和"合法马克思主义者"实行暂时的联盟，以便利用他们去反对民粹派。但是，列宁指出在和"合法马克思主义者"结成暂时同盟时，必须在政治上、思想上和组织上，保持自己的独立性，认清

他们的真面目。

　　为了取得国外工人运动的经验，1895年4月列宁出国考察。他先后到过瑞士、巴黎和柏林，细心观察、研究当地工人运动，参加工人大会，考察西欧工人生活状况。同年9月，列宁启程回国，用巧妙方法避开警察监视，在俄国各地考察近一个月，听取先进工人的建议，同各地社会民主党人建立联系。那时，使列宁非常焦虑的是各地社会民主党人组织涣散，彼此缺少联系。这与俄国工人阶级所肩负的伟大历史使命是不相符的。列宁从国外回来后，立即着手解决这个问题。由于列宁的努力工作和各社会民主党人小组的支持，彼得堡所有一切马克思主义工人小组（有20多个），联合为一个统一的政治组织，即"彼得堡工人阶

列宁在1894年住过的房间

第一个社会主义国家的领袖　**列宁**

←苏共二十六大（列宁头像）小型张

级解放斗争协会"。这个协会是以群众性工人运动为基础的马克思主义政党的萌芽。它准备了革命马克思主义政党在俄国诞生的条件和基础。该协会活动了不长的一段时间，就被沙皇政府破坏，以列宁为首的一批协会骨干被捕。列宁先是被监禁，后被流放到边远地区西伯利亚。

　　1898年3月，当列宁还在流放地时，俄国社会民主工党第一次代表大会在白俄罗斯首都明斯克举行。此次代表大会，宣告了俄国社会民主工党的成立。以列宁为首的流放者，在集会上宣布，集体加入社会民主工党。实际上"一大"并没有把党真正建立起来。在选举的党委员会中，委员不久全被逮捕，经济派占

据优势。"一大"后，组织涣散、政治动摇、思想混乱，不是好转而是更甚。这时，经济派思想，成为建党的严重障碍。经济派是19世纪90年代俄国出现的一种反马克思主义团体，它把工人运动局限于经济斗争的范围，反对政治斗争。在组织上主张手工业方式、小组习气，反对建立统一集中的马克思主义政党。

1900年1月，列宁的流放期限结束。他离开流放地后，便着手实现为建立统一的马克思主义政党而斗争的计划。首先需要创办一份全俄政治报。列宁出国，与"劳动解放社"商讨此事，达到共识。这份报纸就是《火星报》，第一期于1900年12月在莱比锡出版。列宁在为《火星报》写的论文中，简明地提出在俄国建立统一集中的马克思主义政党任务。1901年5月，

列宁格勒圣彼得大教堂

第一个社会主义国家的领袖 **列宁**

列宁诞辰111周年纪念邮票

在该报第四期上发表列宁的《从何着手？》一文。这篇文章叙述了列宁关于建党的计划大纲，其中强调，为完成建立统一政党任务，必须反对思想混乱、组织涣散、小组习气和手工业方式；必须坚决反对经济派。1902年3月，列宁发表了《做什么？》一书。他在书中彻底揭露了经济派的思想根源，就是崇拜工人运动自发性而降低科学社会主义思想在工人运动中的指导作用；抹煞工人阶级先锋队，即马克思主义政党的领导地位。这本著作，彻底粉碎了经济派，为建立马克思主义政党奠定了思想基础。

1903年7月17日，俄国社会民主工党第二次代表大会开幕。列宁被选为大会主席团委员，并参加党纲、党章、资格审查等委员会的工作。他写了关于代表大会各次会议的详细日记，几乎对议事日程所有一切问题，都发过言。在代表大会上讨论党纲时，列宁反对

普列汉诺夫等人模仿西欧社会民主党不谈无产阶级专政的谬论，坚决主张把无产阶级专政条文写进党纲。在讨论党章时，反对以马尔托夫为首的机会主义分子妄图把党变成一个涣散的组织，坚决主张建立一个集中统一的战斗的党。在选举党中央机关，即中央机关报编辑部和中央委员会时，拥护列宁者获得多数选票，史称布尔什维克，即多数派；反对列宁的占少数，史称孟什维克，即少数派。这样，在俄国建党的历史上，

←列宁雕像

就出现了布尔什维克和孟什维克两个政治派别。

  党的"二大"之后,孟什维克反对布尔什维克的斗争日趋剧烈。由于普列汉诺夫倒向孟什维克一边,列宁就退出《火星报》编辑部。从《火星报》第52期起,就成为宣传孟什维克主义的阵地。1904年5月,列宁写了《进一步、退两步》一书,揭露和批判了孟什维克在组织问题上的机会主义观点,捍卫和发展了马克思主义政党的组织原理,奠定了布尔什维克党的组织基础。后来,列宁又同孟什维克要求取消革命的派别,即"取消派"作斗争,同时也坚决反对布尔什维克内部少数"左倾"分子的要求召回杜马(国会)代表,即"召回派"。1912年6月,俄国社会民主工党在布拉格召开的第六次代表会议上,孟什维克被驱逐出党,从此布尔什维克正式形成为一个独立的马克思主义政党。在历史上,正式称为俄国社会民主工党(布)。这是一个新型的马克思主义政党,它根本区别于西欧社会民主党。

## 相关链接
XIANGGUAN LIANJIE

### 列宁登山

列宁被沙皇迫害而流亡国外时，曾经在波罗宁村住过。

列宁很喜欢这个小小的村庄。它的周围群山环绕，山峰高耸入云。

一天，列宁决定去登山。一个叫巴戈茨基的波兰革命者得知了这件事，就跑来找列宁，要求当向导。他兴致勃勃地给列宁描述："这附近有那么一座山峰，从山顶上可以饱览奇妙的景色，简直可以说是仙境！特别是在日出的时候……""那就这样定了！"列宁说，"星期天早晨我们就爬到这个峰顶上去开开眼界！看日出！"

星期六的晚上，按照巴戈茨基的安排，列宁和巴戈茨基借着月光赶到守夜人的草棚过夜，第二天赶早上路。

"可别睡过头啊，"列宁不太放心。

"不会的，"巴戈茨基满有把握地说，"我跟守夜人说好了，他4点钟之前叫醒我们。"

第二天一大早,列宁最先醒来。他瞧瞧表,不禁叫了起来:"睡过头了!真要命!都快5点钟了!"

登山有些迟了。没走多久,巴戈茨基就站住了脚,懊丧地挥了挥手:"我们恐怕来不及看日出了!上了那个守夜人的当!"

"怪守夜人干什么,全怨我们自己!"列宁也有些恼火地反驳。

巴戈茨基嘟囔着:"反正,日出今天是看不成了,来不及登上顶峰。"

"没别的路上山吗?近一些的?"

"有是有,我在那条路上走过三次,不过我不能带您去走那条路。""为什么?"

"那条路太险,有三十来步得贴着悬岩的峭壁走。"

"你不是从那上面走过吗?那就别浪费时间了,走!"

没有过多久,他们就走到了那条小路跟前。道路非常狭窄,下面是万丈深渊。

"您瞧,怎么样?从这上面是过不去的。"巴戈茨基说。

"那么，你不是走过吗？"列宁显然是怀疑他的勇敢。

"要是您不信，那就请您看看！"巴戈茨基移动了脚步，踩上羊肠小道。

当巴戈茨基摆脱了最险的那几步，大大地松了一口气，回过头往后看了看。可这一看却把他吓了一大跳，差点没跌进深谷：列宁正跟在他的背后，沿着陡壁在移动。

"往后退，您快退回去！"巴戈茨基大声喊起来。

列宁仿佛没有听到他同伴的叫喊，稍停了几秒钟后，重新又往前挪动步子。他不慌不忙、小心翼翼、一步一步地移动着。

险路已经丢在了身后。又过了几分钟，列宁已经站到了巴戈茨基的跟前。

"现在我们是不是来得及看日出？"列宁关心的仍然是这件事。

他们刚爬到峰顶，太阳温暖的光线骤然一下子穿透了黎明前的乌云，将它们熔化得干干净净。远处，深蓝的湖水闪耀着夺目的光彩，灌木和草丛中晶莹剔透的露珠变幻着迷人的色彩。枝头的小鸟仿

第一个社会主义国家的领袖　**列宁**

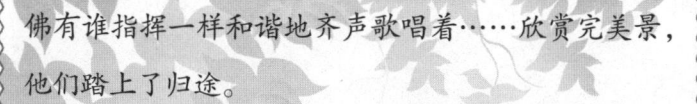

佛有谁指挥一样和谐地齐声歌唱着……欣赏完美景，他们踏上了归途。

当他俩平安地返回，列宁亲切地握着巴戈茨基的手说："感谢您带我到这么好的一个地方，真令人心旷神怡！"

"好吗？请您告诉我，那条险路您就一点也不害怕吗？"

"我之所以要从那条路去又从那条路回来，正是因为我害怕……"他见巴戈茨基有些迷惑不解，便解释说："革命者可没有权力让自己的意志屈从于恐惧啊。"

→列宁雕像

## 指导俄国的三次革命运动

> 智慧存在于真理之中。
> ——歌 德

19世纪末、20世纪初,世界资本主义发展到帝国主义阶段。俄国是一个军事封建的帝国主义大国。在这个国家里,人民群众与沙皇专制制度、地主与农民、无产阶级与资产阶级、压迫民族与被压迫民族的矛盾

← 列宁雕像

第一个社会主义国家的领袖　**列宁**

← 列宁诞辰113周年纪念邮票

日益尖锐。随着这些矛盾的加深，俄国的工人运动、农民运动、学生运动、民族解放运动也迅速发展。其结果是俄国爆发三次革命，即1905年1月革命，1917年2月革命，1917年10月革命。列宁不仅积极参与这些震撼世界的伟大革命斗争，而且亲自指导了革命的发展，对俄国革命的实践、对马克思主义革命理论、策略路线，都做出了巨大贡献。

俄国1905年革命，按其性质来说，是资产阶级民

主革命。这年的1月9日（新历1月22日）"流血星期日"，是这次革命开始的标志。这次革命打破了自巴黎公社革命失败后，笼罩欧洲政治的反动沉寂局面。革命事变发展非常迅速，很快席卷全俄。

为了指导1905年革命，必须制定党的策略路线。列宁建议召开党的第三次代表大会，以便制定全党统一的策略路线。但是，遭到孟什维克的拒绝。这样，在列宁领导下，于1905年4月在伦敦召开只有布尔什维克参加的"三大"。列宁直接领导这次大会的全部工作，担任大会主席，作大会政治报告，参加各专门委

列宁在工作

第一个社会主义国家的领袖　**列宁**

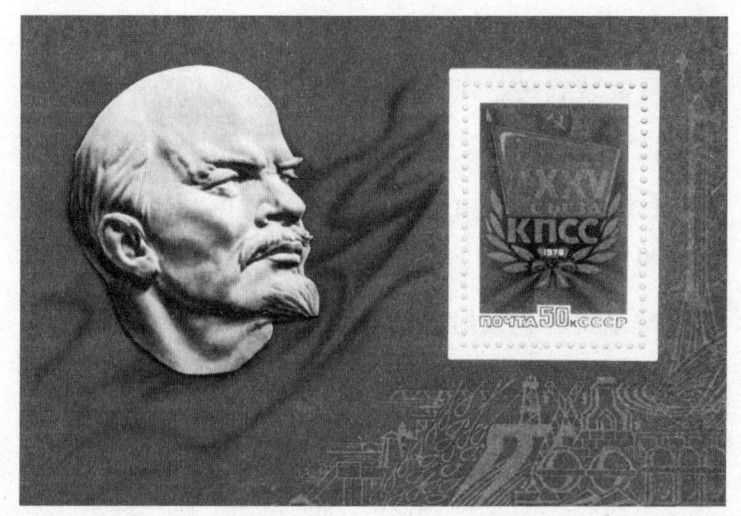

→十月革命六十周年纪念邮票

员会的讨论。党的"三大"制定了布尔什维克党的策略路线。为了详细阐述党的策略路线，1905年7月出版了列宁写的《社会民主党在民主革命中的两种策略》一书。书中对俄国1905年革命的性质、任务、特点、动力、道路和前途，都作了科学的分析和论证，彻底批判了孟什维克的机会主义策略方针，奠定了新型马克思主义政党的策略基础。

　　1905年11月上旬，俄国革命走向高潮。列宁从日内瓦回到彼得格勒，以便加强对布尔什维克党中央委员会和彼得堡党委会的领导工作。在革命活动日趋繁忙的日子里，列宁十分重视党中央机关报《新生活报》的编辑和出版工作。他参加该报编辑部的各种会议并撰写文章，宣传党的策略路线，使这份报纸在革命斗

争中起了重要作用。1905年12月莫斯科工人举行声势浩大的武装起义。列宁高度赞扬了工人们的斗争精神，号召彼得堡工人支援他们的斗争。

1905年革命，由于准备不足、敌我力量相差悬殊、工农没有结成联盟、党缺少领导经验，最后失败了。列宁毫不灰心，及时总结斗争失败的教训，鼓舞革命者的斗志，继续进行斗争。不因失败而灰心，这是列宁从事革命活动的一个特点。

革命失败后，反动势力残酷镇压革命，迫害革命领袖，列宁在国内活动特别困难，而且危险。布尔什维克党中央机关决定，要求列宁移居国外。1907年12月，列宁冒着莫大的生命危险，躲到国外。但是列宁从未灰心丧气，反而革命意志更加坚强。列宁始终相

← 彼得格勒

第一个社会主义国家的领袖　**列宁**

→柏林的列宁雕像

信工人阶级的力量，对革命形势必然到来，充满信心。

在残暴的反动统治下，列宁把报纸看作聚集、团结和教育党和干部的重要手段，是在政治上、思想上、组织上，使党准备迎接新的革命高潮的工具。列宁出国先抵日内瓦，立即着手出版布尔什维克党的机关报《无产者报》的工作。在此时期，列宁用很大精力研究马克思主义哲学，批判各种唯心主义观点，解决党的认识路线问题，为党的世界观奠定理论基础。

1917年2月（新历3月），列宁在国外收到关于彼得格勒起义胜利的消息。自此时起，他的全部心思都集中在研究和估计这个巨大事变，以及怎样迅速回国，直接参与、指导革命上。列宁克服各种困难于1917年4月回国。4月16日晚11点10分，列宁抵达彼得格勒。在车站前面的广场上和附近的街道上，站满了成千上万举着红旗的工人、农民、士兵和海员。当列宁下车时，人群用一阵阵经久不息的"乌拉"（万岁）声，迎接自己的伟大领袖。列宁深为感动。工人们把列宁举在手上抬到车站大厅。在这里，孟什维克首领们正要开始致"欢迎词"，可是列宁并没有理他们，却一直走到广大群众等候他的广场上，登上铁甲汽车发表演说，号召群众为社会主义革命胜利而斗争。"社会主义革命万岁！"这就是列宁从国外归来后，第一次在彼得格勒群众面前演说的结语。

列宁回国后，立即开展革命工作。当天夜间，他向亲密战友叙述了自己的观点。4月17日晨，列宁在塔夫利达宫举行的布尔什维克党领导人员会议上，作了关于战争与革命的报告。然后，又把这个报告提纲在全俄苏维埃代表会议上重述一遍。这就是二月革命胜利后，列宁发表的著名的"四月提纲"。

第一个社会主义国家的领袖　**列宁**

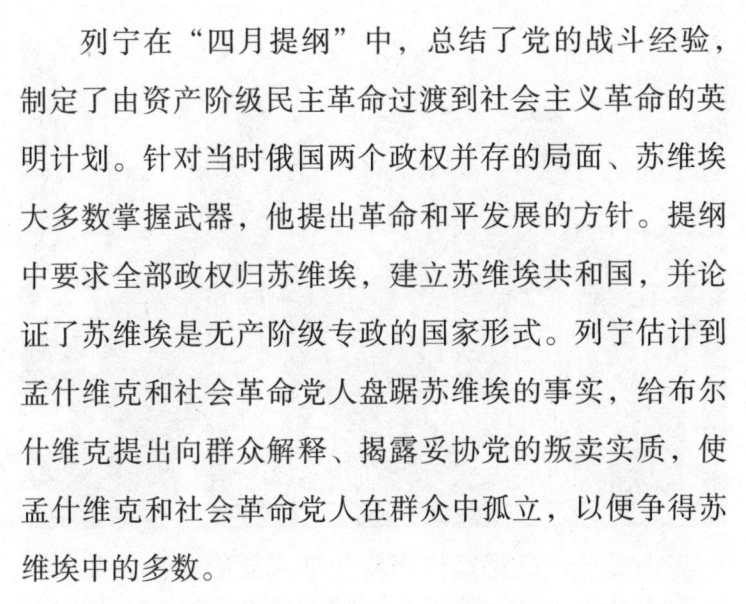

　　列宁在"四月提纲"中，总结了党的战斗经验，制定了由资产阶级民主革命过渡到社会主义革命的英明计划。针对当时俄国两个政权并存的局面、苏维埃大多数掌握武器，他提出革命和平发展的方针。提纲中要求全部政权归苏维埃，建立苏维埃共和国，并论证了苏维埃是无产阶级专政的国家形式。列宁估计到孟什维克和社会革命党人盘踞苏维埃的事实，给布尔什维克提出向群众解释、揭露妥协党的叛卖实质，使孟什维克和社会革命党人在群众中孤立，以便争得苏维埃中的多数。

　　列宁回国后，积极参加了彼得格勒布尔什维克党的组织生活和工作。在《真理报》上几乎天天有他写的论文。自4月到7月间，90多天写了150多篇文章和

《列宁在十月》连环画

←人美版《列宁在1918年》

一些小册子，广泛宣传布尔什维克党的革命方针，用社会主义革命精神武装了党和群众，增强他们对革命必胜的信念。

布尔什维克在群众中的影响，日益增长。孟什维克和社会革命党占据优势的苏维埃领导机关，在广大群众的逼迫下，不得不满足群众的革命要求，于7月1日举行示威，提出全部政权转交苏维埃。布尔什维克党采取一切办法，把群众运动引上有组织的和平轨道。但是资产阶级临时政府利用七月事件转而向布尔什维克进攻。反动势力摧残布尔什维克党，逮捕党的活动家，捣毁《真理报》。列宁因在匪徒袭击前半小时离开编辑部，才幸免于难。资产阶级临时政府颁布逮捕列宁的命令，并悬赏列宁首级。那时警察、密探和奸细

第一个社会主义国家的领袖 **列宁**

到处奔走缉拿列宁。在这种情况下，布尔什维克党转入地下，把自己的领袖隐藏起来。党先把列宁送到拉兹里夫车站附近的一个老工人家里。过了几天，他迁到拉兹里夫湖边的草棚中，后来护送到芬兰，由那里的布尔什维克负责他的安全。

七月事件后，革命进入新阶段，和平发展已经结束，武装起义提到日程上来。1917年7月26日（新历8月8日），在彼得格勒举行布尔什维克党的第六次代表大会。"六大"遵循列宁的指示，制定了武装起义的方针，提出准备武装起义口号，把党引向举行武装起义的目标，实现社会主义革命。

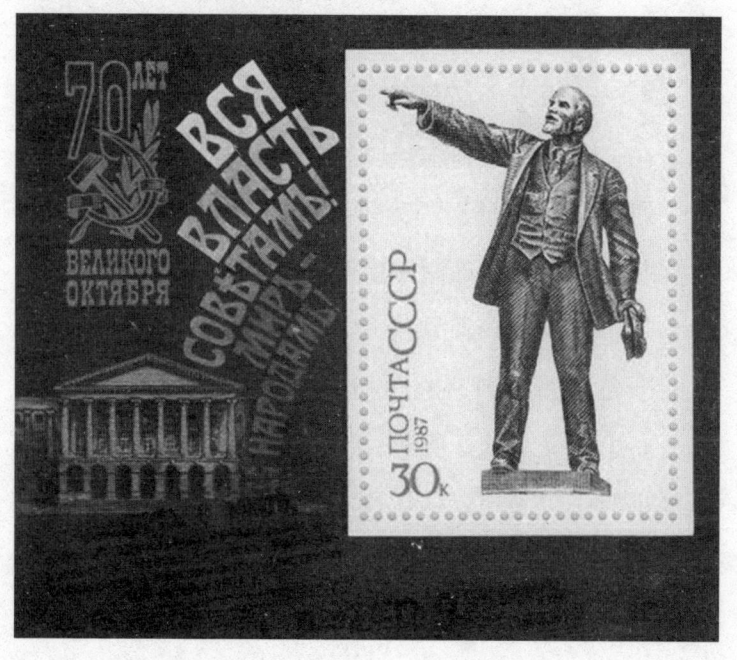

→十月革命70周年纪念邮票

←列宁著作书影

列宁在匿居时,一分钟都没有停止革命工作。他在拉兹里夫湖畔的草棚中撰写了《国家与革命》一书,为十月革命、无产阶级夺取国家政权作了理论和思想上的准备,并在国家问题与革命问题方面丰富和发展了马克思主义。从7月到10月,他写了60多篇论文和一些小册子以及书信,与党中央保持密切联系,使无产阶级经常听到自己伟大领袖的声音,感觉到他的领导。

## 第一个社会主义国家的领袖 列宁

　　1917年8月，俄国军事独裁者科尔尼洛夫遵照国外帝国主义指令，发动叛乱，妄图绞杀革命、恢复沙皇制度。这时布尔什维克党号召工人、士兵起来保卫革命成果。科尔尼洛夫叛乱被击溃。布尔什维克党的威信进一步提高，苏维埃中的孟什维克和社会革命党的影响缩小，苏维埃开始布尔什维克化。9月初，有决定意义的彼得格勒苏维埃和莫斯科苏维埃，已掌握在布尔什维克手中。9月12日、14日（新历9月25、27日）列宁给布尔什维克党中央委员会写了两封具有历史意义的信，即：《布尔什维克应当夺取政权》《马克思主义者与武装起义》。列宁指出，现在人民多数是拥护我们的。布尔什维克既在两个首都工人和士兵代表

在"阿芙乐尔"巡洋舰上打响十月革命第一枪

苏维埃中取得多数，就能够并且应当夺取国家政权。为此，必须重视武装起义工作。

当布尔什维克集中精力准备武装起义时，革命叛徒加米涅夫和季诺维也夫在孟什维克报纸上公开声明，反对武装起义。这样，他们就把党的机密，告诉给敌人。列宁非常愤怒，他要求把这两个叛徒开除党籍。

资产阶级临时政府接到告密后，企图先发制人，攻打武装起义司令部斯莫尔尼宫。10月24日（新历11月6日）清晨，临时政府封闭了布尔什维克党中央机关报《工人之路》，调动军队包围编辑部和印刷所。这时布尔什维克党中央下令击退敌人并保证报纸按时出版。赤卫队和士兵们执行命令。上午11点报纸出版，号召群众推翻临时政府。同时按照列宁的指示，把工人赤卫队和革命士兵，迅速调到斯莫尔尼宫，武装起义开始了。晚间，中央委员会决定把列宁请到此处，亲自担任革命起义的领导。列宁到斯莫尔尼宫时，听取了起义领导人的汇报和开始起义的情况，决定攻打临时政府所在地冬宫。

10月25日（新历11月7日）清晨，彼得格勒的电话局、电报局、无线电台、主要桥梁、火车站，各重要机关均被起义的赤卫队和士兵们占领。深夜，停泊在涅瓦河上的"阿芙乐尔"巡洋舰，向冬宫开炮。炮

第一个社会主义国家的领袖　**列宁**

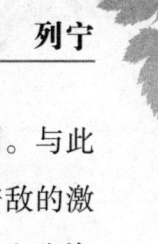

声轰鸣，划破沉寂的夜空，宣告革命即将胜利。与此同时，在冬宫1050个大厅里，赤卫队展开与守敌的激烈战斗，终于攻下冬宫，逮捕临时政府成员，宣告资产阶级政府被推翻。伟大的十月社会主义革命取得胜利，从此开辟了人类历史的新纪元。

→ 真理报

## 相关链接
XIANGGUAN LIANJIE

### 圣彼得堡

该市于1703年由俄国沙皇彼得一世下令建造,由该城的第一座建筑物——扼守涅瓦河河口的圣彼得保罗要塞命名。1914年,第一次世界大战爆发后,俄国出现反日耳曼情绪,沙皇政府遂将圣彼得堡改名为彼得格勒。其后苏联成立,为纪念领导者列宁于十月革命时曾于该市发动革命,于1924年列宁逝世后,将市名改为列宁格勒。1991年苏联解体后,经市民投票,恢复圣彼得堡的旧名。

圣彼得堡与欧洲其他城市最大差别在于,所有欧洲首都名称均为一个字,并且仅拥有一个含义;然而圣彼得堡的名称却来自三个不同的起源:"圣"——源自于拉丁文,意味"神圣的","彼得"——耶稣的弟子圣徒之名,在希腊语上解释为"石头","堡"——在德语或者荷兰语中称为"城市";如此一来,圣彼得堡的名称不但和彼得大帝之名互相吻合,并且同时说明着这个年轻的城市蕴含着不凡的文化背景来源。

## 巩固新政权，建设新社会

> 打破常规的道路指向智慧之宫。
> ——布莱克

伟大十月社会主义革命胜利后，俄国进入一个新的历史时期。社会主义理论首先在一个经济落后的国家变为现实。在小农经济成分占优势的国家里，如何巩固新生的苏维埃政权，如何建设新生的社会主义社

1920年5月5日列宁在莫斯科向出征士兵演说

会，都是新课题。

十月革命胜利初期，新生的苏维埃政权，遇到各种困难，是很不稳固的。被推翻的阶级敌人疯狂反抗，国外帝国主义的颠覆活动有恃无恐，旧职员的怠工普遍存在，各大城市的粮食、煤炭供应相当紧张。所有这些困难，都影响新生人民政权的巩固，需要付出很大精力，才能克服。

在克服困难的日子里，列宁夜以继日地工作，解决面临的各种复杂问题。当时执政的布尔什维克党，没有治国的工作经验。这种经验，只能从实践中学到。列宁亲自处理一切重大内外事务。他领导、主持每天举行的人民委员会，拟定国家法令和条例，制定苏维埃政府解决人民生活的一系列方针政策。

十月革命胜利之初，苏维埃政权的局势，相当危急。被推翻的阶级敌人纠集反动势力，疯狂地向革命政权反扑。克伦斯基（资产阶级临时政府首脑，革命群众攻打冬宫时，他化装逃走）指挥哥萨克骑兵进攻彼得格勒，10月29日士官生掀起暴乱。在莫斯科还正进行武装斗争。当时列宁的注意力，集中于军事问题。他把保卫苏维埃国家的任务提到首位，提出保卫社会主义祖国的战斗口号。列宁直接领导军事工作，分析军事形势，制定粉碎敌人侵犯的计划。他一连数日，

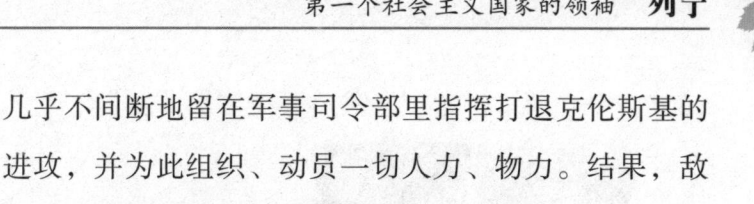

几乎不间断地留在军事司令部里指挥打退克伦斯基的进攻，并为此组织、动员一切人力、物力。结果，敌人被击溃，苏维埃政权得到巩固。

为奠定新社会的基础，列宁领导苏维埃政权，打碎旧的国家机器，废除地主贵族土地所有制，人民银行收归国有，实行铁路和大工业的国有化。那时所有一切法令，都由列宁提出并拟定。苏维埃国家的一切机关，都是在列宁直接领导下建立的。由他发起成立负责肃清反革命势力的全俄非常委员会；成立了国民经济最高委员会、民族事务人民委员部，从而为苏维埃国家政权巩固打下经济、政治基础。

十月革命胜利后，为巩固新政权建设新社会，列宁展开了为争取和平环境的斗争。1917年11月8日，他签署了"和平法令"，向当时还在交战的各国人民和政府，呼吁开始和平谈判。列宁通过无线电台，下令撤销拒绝和平法令的军事长官，号召士兵"包围将军，停止军事行动，与德奥士兵联欢，把和平事业拿到自己手中"。为了和平，建设新社会，巩固苏维埃政权，列宁认为必须与当时交战的德国签订合约，不论条约如何苛刻。经过党内反复多次讨论，多数同意列宁提出的布勒斯特和约方案。于1918年2月24日全俄中央执行委员会大多数人表决，通过了列宁的签约决议案。

列宁乘坐过的雪橇车

3月6日，列宁在党的第七次非常代表大会上作了《论布列斯特和约》报告。大会充分肯定列宁和平路线的正确性。

和约签订、休战开始，列宁把精力放在国家经济建设方面。为此，他提出对生产和产品分配实行严格的全国统计监督，大力提高劳动生产率，加强劳动纪律，开展社会主义竞赛。他从俄国实际出发，制定建设社会主义的初步计划。他在全国科学界面前提出尽快改造俄国工业、农业、交通运输业和振兴一切经济的任务。特别指出，社会主义国民经济应当建立在先进的电气化技术基础上。"共产主义＝苏维埃政权＋全国电气化"。全俄电气化计划是根据列宁的提议，集中

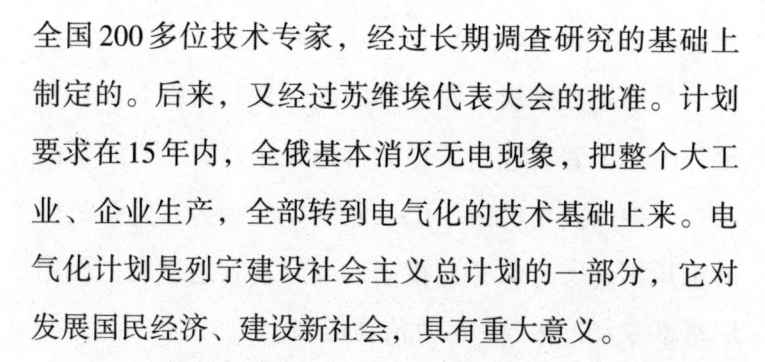

全国200多位技术专家，经过长期调查研究的基础上制定的。后来，又经过苏维埃代表大会的批准。计划要求在15年内，全俄基本消灭无电现象，把整个大工业、企业生产，全部转到电气化的技术基础上来。电气化计划是列宁建设社会主义总计划的一部分，它对发展国民经济、建设新社会，具有重大意义。

1918年下半年开始，俄国进入外国武装干涉和国内战争时期。列宁建设社会主义的计划，被迫暂时中断。在反对外国武装干涉和国内白匪战争期间，列宁又把"军事问题，军事事变问题，作为革命的主要根本问题提到前台上来了"。那年的夏天，苏维埃共和国的状况，是非常严重的。国内外的反动势力已联合起来进行反对苏维埃政权的斗争。英、法、日、美等外国武装干涉者当时占据了俄国3/4的国土。苏维埃国家失去了乌克兰、高加索、西伯利亚和远东、乌拉尔和中亚细亚。在俄国中部爆发了富农叛乱。苏维埃俄罗斯陷入战火包围之中。它与自己出产粮食、原料和燃料的基本区域隔绝，处于严重的饥荒和工业破坏的状态中。列宁宣布，社会主义祖国处在危险中。

列宁坚毅地着手组织国防工作。他提出："一切都为前线"的口号，号召群众振奋精神，全力去反对英、法等武装干涉者和白匪，鼓舞广大工人、农民为保卫

社会主义祖国去建功立业。

列宁是苏维埃工农红军的创立者和组织者。1918年，由列宁署名颁布了根据自愿原则建立工农红军的法令。根据列宁的指示把工农红军改编为有坚强纪律的正规军；实行义务兵役制，废除长官选举制，任用旧军事专家，施行军事政治委员制。

在列宁领导下，全国实行"军事共产主义"政策，国家已宣布为军营，全部经济和政治生活，都要按军事需要改造。国内大、中、小工业一律收归国有，施行粮食垄断，禁止私人贸易，规定农村余粮收集制，实行"不劳动者不得食"的原则。

为动员一切资源来加强国防需要，成立了以列宁为首的工农国防委员会。在国防委员会的领导、组织

列宁在1918年连环画

第一个社会主义国家的领袖 **列宁**

莫斯科红场

和规划下，动员后方一切人力、物力和财力，保障前线需要。

列宁坚信苏维埃共和国各族人民的力量，领导、组织和动员各族人民去战胜敌人。虽然敌人从四面八方围攻苏维埃共和国。但是在列宁的领导下，终于打退敌人的进攻。1919年春高尔察克在东方战场进攻，在列宁号召下，优秀共产党员、青年团员和积极分子开赴前线，红军在人民的援助下，击退敌人进攻并肃清敌军残部。接着又打退尤登尼奇对彼得格勒的进攻。1920年最后粉碎波兰地主的代表弗兰克尔匪军，外国武装干涉和国内战争结束。

战争结束后，列宁领导的布尔什维克党，把工作重点转移到经济建设的轨道。那时苏维埃国家的经济，被三年的国内战争和外国武装干涉，弄到几乎完全破产的地步。在这种情况下，必须克服一切困难，振奋人民精神，团结一致，努力奋斗，消除经济破坏状态，恢复和发展国民经济。为此，必须制定新的经济政策。

战争结束，从1920年11月起，列宁就聚精会神地考虑从战时共产主义过渡到新经济政策的问题。他认为，苏维埃国家战胜国内外敌人，再次证明社会主义制度可能在俄国取得最终胜利。但必须有新的经济政策给予保证。这年的12月，他在第八次全俄苏维埃代表大会上，提出恢复、发展和改造国民经济的任务，阐明实行新经济政策的必要性和迫切性。

由战争过渡到和平经济建设，党必须重新审议战时制定的军事共产主义政策。这也是列宁考虑制定新经济政策的一个理由。

所说新经济政策，就是在新的历史条件下，以列宁为首的布尔什维克党所采取的有利于恢复和发展国民经济的政策。其主要内容是：在工业企业方面，实行租赁制，即将中小企业租给本国的企业主或生产合作社；租让制，把本国无力开发的大项目，租给外国资本家，收益分成，期满后全归苏维埃政府所有。在

农村，列宁提出用粮食税代替过时的余粮收集制，使农民有可能利用自己生产的剩余粮食，进行自由买卖，调动他们的积极性，振兴农业。在商业方面，取消产品分配制，发展商品交换、自由贸易，改善城乡供应。

1921年3月，布尔什维克党召开"十大"。列宁亲自准备和领导了这次代表大会。在大会上，他作了《关于粮食税》的报告，代表们一致通过报告的决议。"粮食税"是新经济政策的一项主要内容，也是实行新经济政策的主要标志。党的"十大"之后，列宁十分关心新经济政策的宣传和落实。他在理论上阐述这项政策，在实践中具体落实这项政策，用新经济政策来改造、恢复和发展国民经济。

1922年3月召开党的"十一大"，这是列宁最后参加的一次党的代表大会。多年的紧张工作，影响了他的健康。他不顾个人安危，一如既往，认真准备大会工作并亲自主持大会。列宁在大会上作了中央委员会的政治报告，总结了新经济政策实践一年的初步经验，证明这项政策的正确性。施行这项政策的结果，国民经济迅速恢复和发展，工农联盟得到巩固，党领导下的各项建设事业蓬勃发展起来。1922年，党实现经济战线上的政策转轨，已取得初步胜利。列宁建设社会主义的计划逐步实施，并取得了巨大成就。

列宁教导党员，要懂得新经济政策的两重性。它虽容许资本主义存在，但主体还是社会主义，一切经济命脉，掌握在无产阶级国家手中。社会主义经济成分与资本主义经济成分，彼此进行斗争。在斗争过程中，社会主义经济成分作用日益增长，扩大阵地，最终战胜资本主义。施行新经济政策的目的，正是要使社会主义战胜资本主义，最终消灭资本主义，建设社会主义的经济基础。列宁说：俄国无产阶级国家手中的经济力量，完全足够保证过渡到共产主义。"新经济政策的俄国将变成社会主义的俄国"。

列宁的藏书室一角，列宁曾在这里读书看报。

## 建立共产国际，支援被压迫民族

> 有卓越智力作指导的胆量是英雄的标志。
>
> ——克劳塞维茨

列宁是伟大的无产阶级国际主义战士。他不仅卓越地组织和领导了俄国革命和建设，而且鼓舞和指导了世界各国无产阶级的革命斗争。由于他的倡议和领导，创建了共产国际（史称第三国际）。列宁十分关心东方被压迫民族的解放运动，对殖民地半殖民地人民的革命斗争予以极大的同情和支援，他是东方被压迫民族和被压迫人民的导师和朋友。

早在第一次世界大战期间，第二国际破产之时，西欧各国社会民主党人，纷纷背叛无产阶级革命事业，站在本国资产阶级政府方面，为其效劳，变成社会沙文主义者。列宁及其领导的布尔什维克党继续高举无产阶级国际主义旗帜，提出"变帝国主义战争为国内战争""使本国帝国主义政府在战争中失败"口号代替社会沙文主义者提出的"保卫祖国"口号，坚定不移

→列宁雕像

地实行无产阶级国际主义政策。

　　列宁在国外活动期间,注意用国际主义精神教育布尔什维克,1915年至1916年多次召开布尔什维克党的代表会议,列宁坚持国际主义,批判社会沙文主义。他写了许多文章,宣传和发展了马克思的无产阶级国际主义思想。

　　列宁根据第二国际破产的事实,指出必须建立一

第一个社会主义国家的领袖 **列宁**

个新的国际,即共产国际,才能加强各国无产阶级的联合与合作,共同反对帝国主义,推动国际革命运动的发展。

列宁及其领导的布尔什维克党,在国际工人运动中,是真正的国际主义战士。除列宁和布尔什维克党外,就无人担负发起建立新国际的任务。

为了建立第三国际,必须团结和统一工人运动中的革命力量。列宁前后参加和召集各种国际会议,团结左派,孤立右派,打击社会沙文主义者。其中有决定意义的是1915年8月23日(新历9月5日)在瑞士的一个小村庄齐美瓦尔得举行的各国社会民主党代表

→列宁诞辰110周年纪念邮票

会议。出席会议的有德、法、挪威、瑞典、荷兰、瑞士以及意大利、波兰等国家的社会民主党人和俄国的布尔什维克。列宁在会上领导各国党的"左派"，批判了以考茨基为代表的中派，孤立了右派。会议通过革命宣言，促进各国党的"左派"同机会主义决裂。1916年4月在瑞士的昆塔尔，召开第二次国际社会党人代表会议。这时各国党的"左派"力量进一步加强，其影响也日益扩大。列宁帮助西欧各国社会党"左派"，消除自身弱点，加强统一和团结。他积极参加左派社会民主党人的刊物工作，特别重视教育青年，把其中的优秀分子争取到无产阶级国际主义立场上来。

列宁号召欧洲各国的社会党"左派"同已经破产的第二国际断绝关系；同机会主义、社会沙文主义进行斗争；要加强国际团结，密切联合和合作，建立新的、真正社会主义的国际。经过列宁的努力工作，为未来成立共产国际，准备了思想条件和组织条件。

伟大的十月社会主义革命胜利后，在俄国革命的推动和影响下，西欧一些国家相继发生革命。如1918年芬兰革命，同年11月德国革命，1919年匈牙利革命。欧洲各国也掀起了工人运动的高潮。在革命日益高涨的形势下，各国共产主义政党纷纷建立起来，并且加强了联合和合作。共产国际成立的实际基础，已

第一个社会主义国家的领袖 **列宁**

美国的列宁雕像

经具备。

列宁为建立共产国际,做了许多工作。1918年1月,由他发起召集各国社会党"左派"代表会议。这次会议决定,在适当时机,成立共产国际。1919年1月,列宁又用书面号召欧美先进工人代表,积极参加创立共产国际工作。

1919年3月2日,共产国际第一次代表大会,在莫斯科的克里姆林宫开幕。出席大会的有欧美主要国家的共产党代表以及一些先进工人团体的代表。列宁亲自领导这次大会,并在大会上做了《论资产阶级民主与无产阶级专政》的报告。在报告中,列宁揭露了资产阶级民主的实质及其虚伪性,论证了无产阶级专政与资产阶级专政的本质区别,阐明苏维埃是无产阶级专政的政治形式。这些原理,是共产国际纲领的基础。大会正式宣告共产国际成立。因与马克思恩格斯时代创立的第一、第二国际相接,故称第三国际。

列宁在世期间,第三国际共召开四次代表大会,史称前期活动。列宁不仅主持召开第三国际成立大会,还指导了第二、三、四次代表大会工作,从"二大"起,担任执行委员。

1920年,国际共产主义运动迅速发展,列宁又准备召开第三国际"二大"工作。这次代表大会是同年

4月召开的。他认为"二大"的主要任务，是将布尔什维克党在三次革命斗争中所积累的丰富经验，传授给各国年轻的共产党。此时，他写了《共产主义运动中的"左派"幼稚病》一书，用通俗语言，说明马克思主义关于战略和策略的基本原理。列宁综合了俄国历次革命斗争的经验，阐述马克思主义政党领导无产阶级革命斗争的规律，批评"左派"的教条主义错误，指出共产党的策略应当是原则性灵活性的统一，马克思主义者应当精通一切革命斗争手段和方法、学会领导革命的艺术。在此次代表大会上，列宁做了多次演讲。在一次会议上，为解决德国党的问题，他用德语发言；随后讨论法国党的问题，他又用法语发言。他

→ 克里姆林宫

莫斯科的方尖碑，上面刻有历代沙皇的名字，后被抹去以共产国际的领袖名字代替。

的讲话贯穿一个精神，就是要求各国兄弟党，要根据马克思主义国际主义原则联合起来，在革命斗争中，善于运用马克思主义的战略和策略原理。

　　共产国际于1921年6月召开"三大"，于1922年11月召开"四大"。这两次代表大会，都讨论了统一战线策略问题。那时，在国际共产党中，有些人存在一种左倾情绪、片面观点，认为"西欧工会是黄色的"，不愿到那里去工作；认为第二国际中派是机会主义的，反对争取他们。列宁针对这种情况，指导各国共产党要到群众中去，"争取群众大多数"，要团结一切可以团结的力量，联合广大同盟者，孤立和打击右派，有

第一个社会主义国家的领袖 **列宁**

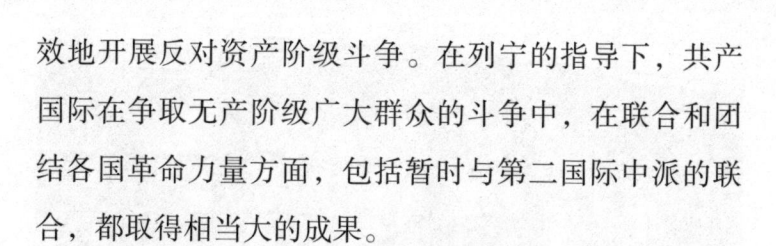

效地开展反对资产阶级斗争。在列宁的指导下，共产国际在争取无产阶级广大群众的斗争中，在联合和团结各国革命力量方面，包括暂时与第二国际中派的联合，都取得相当大的成果。

伟大的十月社会主义革命胜利后，殖民地半殖民地各国的民族解放运动进入高潮。这时，它已成为世界无产阶级革命运动的一部分，是世界社会主义革命战线的同盟军。

列宁和他领导的共产国际，一贯重视和支持各国被压迫民族的解放斗争。在共产国际"一大"所通过的《共产国际行动纲领》《共产国际宣言》等文件里，就痛斥了帝国主义对殖民地的侵略罪行和第二国际社会民主党首领们的叛卖行径，明确地指出：共产主义

→列宁诞辰118周年纪念邮票

高尔克村列宁故居内的藏书室

无产阶级的国际将支援被剥削、被压迫的殖民地人民，反对帝国主义的斗争。

列宁在共产国际"二大"召开的前夕，就草拟了《民族和殖民地问题提纲初稿》，并在大会上作了专门报告。他在《提纲初稿》和报告中提出的基本思想是：马克思主义者要在世界上区别压迫民族与被压迫民族；各国无产阶级、劳动群众要和被压迫民族联合起来；两种革命力量联合，反对帝国主义，推进世界革命运动。只有这样，才能保证战胜帝国主义，才能使被压迫民族和人民获得解放。

列宁强调指出，在封建统治关系占优势的经济落后国家和民族中，无产阶级政党要特别帮助这些国家

第一个社会主义国家的领袖　**列宁**

中反对封建地主的农民运动,他们是反封建的主力军,是无产阶级革命的同盟军。

列宁对中国等东方被压迫民族的解放斗争,表示极大的同情和支持。1922年1月在莫斯科召开有中国、印度、印尼和其他一些国家共产党参加的远东各国劳动者第一次代表大会。列宁邀请大会代表去他那里做客。在宽敞、简洁的办公室里,列宁同各国共产党代表握手交谈。大家都听到他的提问和答复,深切地感到,列宁是东方被压迫民族解放运动的导师和朋友。

→克里姆林宫斯巴斯克塔楼

## 相关链接

### 共产国际

共产国际即第三国际。1919年3月,列宁领导创建的世界各国共产党和共产主义团体的国际联合组织,总部位于莫斯科。第一次世界大战爆发后,第二国际破产,十月革命的胜利,促进了各国共产党的建立,客观形势要求建立新的国际组织。1919年3月2日在莫斯科召开了国际共产主义代表会议,有来自21个国家的35个政党和团体的52名代表参加。大会通过了《告国际无产阶级宣言》《共产国际行动纲领》《关于资产阶级民主和无产阶级专政的提纲》等文件,宣告第三国际成立。

← 共产国际办公大楼旧址

第一个社会主义国家的领袖　列宁

## 艰苦朴素，关心和联系群众

> 横眉冷对千夫指，
> 俯首甘为孺子牛。
> ——鲁　迅

列宁是世界上第一个社会主义国家的最高领导人、执政党的最高领袖，同时他也是生活艰苦朴素、关心群众利益、密切联系群众的光辉典范。

十月革命期间，列宁在一个群众集会上发表演讲。

十月革命胜利后,列宁是人民委员会的主席,即政府的最高首脑。但是他与人民同甘苦、共患难,在物质生活上从不"特殊",从不奢华。这表现在他的衣、食、住等方面。

莫斯科的冬天非常寒冷,可是列宁上班,却一直穿着一件薄大衣过冬。这件大衣,他已经穿了好几年,袖口磨破,有几处补着补丁。有一天,一位同志恳切地对他说:"列宁同志,您这件大衣太单薄了。请您脱下来,换件新的吧。"他笑了笑说:"大家不都穿着单薄的衣服吗?有些同志连大衣都还没有呢!"于是握住那位同志的手说:"现在,我们胜利了,可是同志,我们还要把更多的资财用到国家的建设上去,扩大我们

←高尔克村列宁故居北侧楼

第一个社会主义国家的领袖 **列宁**

→列宁穿过的服装

的生产,为了巩固我们的苏维埃国家,还要加强我们的部队。衣服穿得破旧一点又有什么关系呢?要知道,我们革命决不是为了首先使我们自己享受。"

在饮食方面。由于连续几年的外国武装干涉和国内战争的破坏,那时全国又处于饥荒状态,粮食及其他农副产品,极其缺少。为了保障前线的需要,曾规定在后方政府机关工作人员,每人每天面包定量为1/8磅。那时为人民委员会机关领面包的是一位女服务员伏龙曹娃,她每次负责领15个人的面包。有一天发面包的人搞错,使她领到25份。于是,她就给列宁送去比平日要多一些的面包。列宁注意到面包的数量,问

道:"伏龙曹娃同志,只应当有 1/8 磅,你怎么弄来这么多?""伏龙曹娃告诉他,大概是因为发面包的弄错了。"接着补充说:"没关系的,我看到他们有许多面包,那架子上都堆满了,您吃吧!"列宁说:"伏龙曹娃同志,你以为他们只考虑到我们以及你所照顾的那些人吗?"他边说边切下了份外的面包,并且很严肃地对她说:"把它还回去,以后可不要这样做了。"

在住的方面。列宁的卧室只有十几平方米,靠墙摆着一张普通的铁床,铺盖也非常俭朴。临窗处放着一个不大的写字台和一把木椅,角落里是一个装满各种书藉的书柜。他的夫人克鲁普斯卡娅和他的妹妹玛

列宁的卧室一角,1924年1月21日,列宁在这里与世长辞。

第一个社会主义国家的领袖 **列宁**

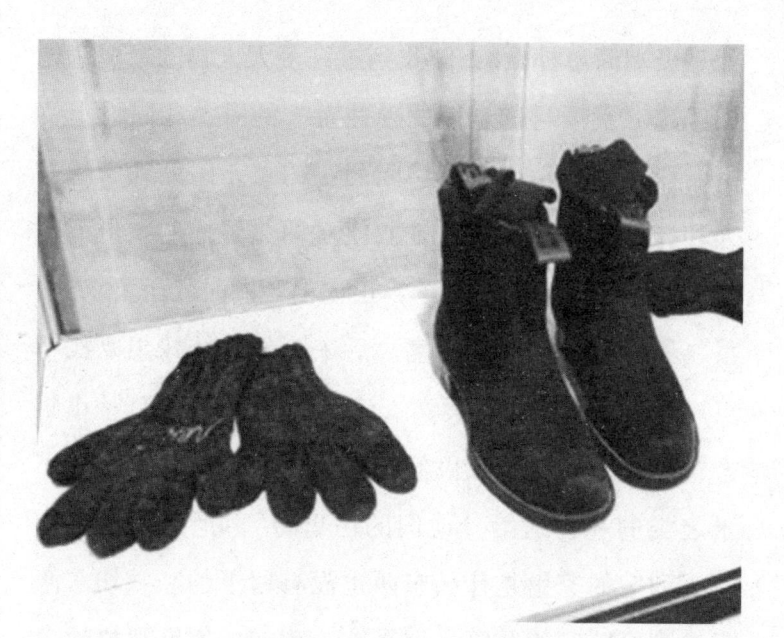

←列宁革命时期用过的手套、靴子

丽娅，当时和列宁住在一处，她们的卧室，也都是一床一桌。卧具简单朴素。列宁一家三口，都忙于工作，来不及自己做饭，于是请一位厨娘，每月都用自己的工资来支付报酬。列宁当时的工资并不比一般熟练的技术工人多。他日理万机，昼夜工作，营养不良。但是他从不要求有生活上的特殊照顾。当时有人劝他改善一下生活时，他就提醒说："要想到我们的孩子们还在挨饿。"

对列宁朴素的家庭生活，著名的国际妇女活动家、伟大的共产主义战士、德国共产党的领导人瓦·克拉拉·蔡特金有深刻的印象。她回忆说：列宁私人的住处是极端简单朴素的。"我到过许多大人物的家庭,他们比这'莫斯科的全能的独裁者'的家,在陈设上要富丽得多。我第一次去访问列宁的家,碰见列宁的夫人和妹妹正在吃晚饭,她们就立即热诚地邀我坐下同吃了。那是一顿简单的饭,正如艰苦的时代所要求的:茶、黑面包、奶油和干酪。后来,他的妹妹想要找一点'甜食'来款待'贵宾',结果只在橱内找到一小瓶蜜饯。大家知道,农民们把白面粉、咸肉、鸡蛋、小米之类的礼物送给'他们的伊里奇'。但是大家也知道,列宁的家里是什么东西也没有留下的。一切东西都送到医院和幼儿园、保育院。列宁的家庭严格地遵守不比别人,即不比工人群众过得更舒服的原则。"

← 墙边的轮椅是列宁使用过的

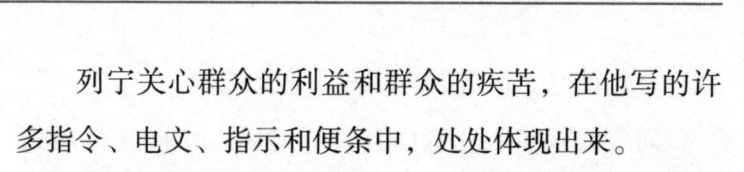

列宁关心群众的利益和群众的疾苦，在他写的许多指令、电文、指示和便条中，处处体现出来。

首先要爱护人民的财产。十月革命胜利后，在俄国出现一种"左"的思潮，认为旧俄国的一切设施都要砸烂、废除，包括群众所需要的文化设施。例如，1919年有一次人民委员会开会，讨论国立剧院取暖的问题。会上有人主张砸烂剧院，胡说工农共和国不需要剧院，因为剧院是沙皇和资产阶级政府时代修的，"没有必要把宝贵的燃料填到它的炉子里"。列宁在会上批评了这种意见，认为这是一种幼稚的错误观点。剧院是人民建造的，现在是人民的财产，应当受到保护。在列宁的影响下，错误主张被否决。这样，才保住了使俄罗斯民族文化引以自豪的剧院，使它得以存在，继续为群众需要服务。

列宁十分关心群众的疾苦。1919年1月6日，他给库尔什克省肃反委员会拍去一份电报。电报中，要求立即逮捕该省粮食中心采购委员会委员科甘，因为他严重失职，不关心群众的疾苦，没有帮助莫斯科120多名饥饿工人，使他们一无所获。列宁指示，要在报纸和专页中发表这个消息，使中心采购委员会和粮食机关的全体工作人员都知道，以形式主义和官僚主义的态度对待工作，不关心群众的疾苦，对饥饿工人帮

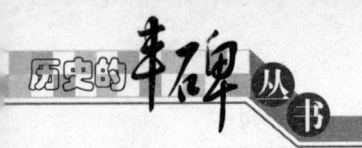

助不力，都将受到严厉的制裁，直到枪决。

列宁特别关心儿童的利益和健康。1919年俄国处在战争和饥荒的状态。5、6月份战局相当紧张。列宁的全部注意力，几乎都集中到组织军队和回击敌人上去。然而，在这一时期，他仍然对儿童表示了莫大的关怀。列宁说，我们成年人可以挨饿，但是我们要把最后一撮面粉、最后一块糖、最后一点黄油让给儿童。

←有关列宁的明信片

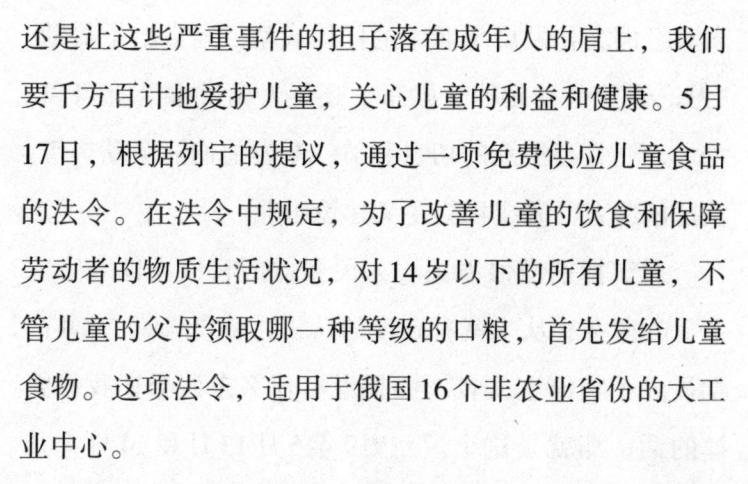

还是让这些严重事件的担子落在成年人的肩上,我们要千方百计地爱护儿童,关心儿童的利益和健康。5月17日,根据列宁的提议,通过一项免费供应儿童食品的法令。在法令中规定,为了改善儿童的饮食和保障劳动者的物质生活状况,对14岁以下的所有儿童,不管儿童的父母领取哪一种等级的口粮,首先发给儿童食物。这项法令,适用于俄国16个非农业省份的大工业中心。

列宁还充分重视关心群众的切身利益。1921年3月,俄共"十大"之后,由于农村实行粮食税,农民生活状况改善了。但是在工人和干部中间,还是实行平均主义的"配给制",从而影响了他们的切身利益,不利于调动他们的积极性,提高生产力,恢复和发展国民经济。列宁就急于考虑和着手解决这个问题。1921年9月10日,政府通过列宁签署的"工资问题基本条例",制定了为提高劳动生产率和改善工人、干部生活状况的纲领。列宁指出,建设社会主义不是直接依靠热忱,而是借助于革命所产生的热忱,依据个人利益,依据经济核算,努力建成一些通向社会主义去的桥梁。通过工资改革、铲除平均主义,激励工人、干部关心自己的劳动成果,加强劳动纪律,提高劳动生产率,改善他们的物质生活。与此同时,列宁也要

求对经济文化发展事业中的任何成就，经常给予奖励，"无论颁发劳动旗帜、勋章，还是发给奖金"都可以，总之，要关心群众的切身利益，激发他们的劳动热情，发扬创造力，完成社会主义建设事业。

列宁特别憎恨不关心人民利益的官僚。他对官僚主义的危害，从来就有高度的认识，曾警告说："共产党员成了官僚主义者。如果说有什么东西会把我们毁掉的话，那就是这个。"1919年5月13日和14日，几

← 中国发行的列宁纪念邮票

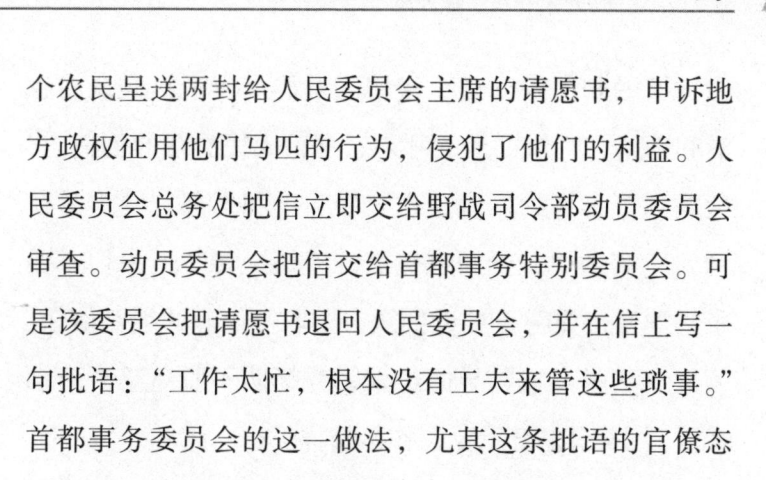

个农民呈送两封给人民委员会主席的请愿书，申诉地方政权征用他们马匹的行为，侵犯了他们的利益。人民委员会总务处把信立即交给野战司令部动员委员会审查。动员委员会把信交给首都事务特别委员会。可是该委员会把请愿书退回人民委员会，并在信上写一句批语："工作太忙，根本没有工夫来管这些琐事。"首都事务委员会的这一做法，尤其这条批语的官僚态度，使列宁感到无比的愤怒。他决不容许这样来对付人民群众的利益、呼声和要求。5月20日，他亲笔写一张便条给国家监察部负责人说："请把写这个批语的官僚逮捕起来。"

为人民办事，列宁决不容许马虎大意和拖拉。他指出："对于任何阻碍生气勃勃的事业的拖拉作风和官僚主义者，都应无情地加以惩罚。"1921年7月末，粮食人民委员部的一位处长接到两个农民的一份申请书，农民因遭到雹灾，为此请求减免粮食税。这位处长把这份申请书在抽屉里放了两个月。列宁在10月间查问这件事，并把它作为一个重要案件，命令莫斯科革命法庭进行审理，并作出判决。列宁在这方面的指示和实践，教育了各级机关和广大干部。列宁常用典型案件的处理，教育干部要以认真、积极的态度，为人民办事，全心全意为人民谋利益。

接触和深入群众，密切联系群众，了解群众的生活和情绪，听取群众的呼声，深信人民群众的创造力，这是列宁一贯的作风。他教导党员和干部"要生活在稠人广众之中，要知道他们的感情。要知道一切，要了解群众，要善于接近群众，要取得他们的绝对信任。领导者不脱离被领导的群众，先锋队不脱离整个劳动大军。"列宁以身示范，作出榜样。

首先，党和国家机关必须热情地接近和接待群众。尤其是接待群众来访，不能有误。列宁指示："每个苏维埃机关，都要张贴关于接待群众来访的日期和时间的规定，不仅贴在屋里，而且贴在人人都可以看到的大门外面。接待室必须设在可以自由出入、根本不需要什么出入证的地方。""每个苏维埃机关，都要有登记簿，把来访者的姓名、意见要点和问题性质，最简要地记下来。"并强调："星期日和假日也要规定接待时间。"根据列宁的指示，在克里姆林宫外面设立了人民委员会的接待室，凡寄给人民委员会，或人民委员会主席的一切信件，都送交这个接待室。人民委员会接待室的秘书，认真处理这些信件，每两周向列宁报告一次处理结果。列宁以身作则，他经常直接会见来访者。1922年列宁发病，身体虚弱。为照顾他的健康，减少工作负担，人民委员会和劳动国防委员会副主席

第一个社会主义国家的领袖 **列宁**

列宁故居楼旁的草地和树林,列宁曾在这里散步。

阿·伊·李可夫曾建议:列宁亲自接见的来访者,一般要由人民委员会和国防委员会副主席或俄共(布)中央委员会秘书事先选定。列宁针对这个建议,写信给3位副主席,明确表示:"我根本不同意李可夫的实际补充,并提出与他相反的意见,接见应当充分自由,不加限制,甚至扩大范围。"

其次,必须了解群众的情绪和呼声。为此,列宁在他忙于国家事务和党的工作的同时,总要抽出时间,和农民代表、农村工作人员、《农民报》的编辑会见。他特别重视农民写给报社的信。列宁说:"要知道,这是真正的人民的文件!要知道,这是我在任何一个报

告中都听不到的！"《贫农报》主编去见列宁。列宁常用这样的话开始同他交谈："嗳，我们农民气压表显示了什么？"列宁把这份报纸叫作"农民气压表"，每次他都长时间细心地听取报纸主编的汇报：农民怎么看？农民的情绪怎样？

有一位美国进步的政治家阿尔伯特·罗斯·威廉斯，在莫斯科被邀请去见列宁。那天，威廉斯和其他许多人都在会客室里等候接见。可是，等了一段时间还不见招呼。他感到奇怪，因为列宁总是非常遵守时间的，这次"破例"是什么原因呢？他想一定是某一项特别重要的国家大事或特别重要的人物耽误了列宁。门终于开了，使所有的人大吃一惊，从房间里走出一位既不是军人，也不是外国人，更不是什么高级官员，而是一个平平常常、穿着短羊皮袄和草鞋的农民。当威廉斯走进列宁办公室时，列宁说道："请原谅我，这是唐波夫省的一位农民，我想听听他对于电气化、集体化和偿付沙皇借款的想法。是这样有趣而动人，我完全把时间忘记了。"后来，他对此事很有感触地写道："各式各样的人都成了列宁了解情况的来源。他把千万件收集来的事实，慎加权衡、考虑和分析，这就使他比敌人高明，帮助他战胜敌人。"

再有，列宁生活在稠人广众之中，从不脱离群众，

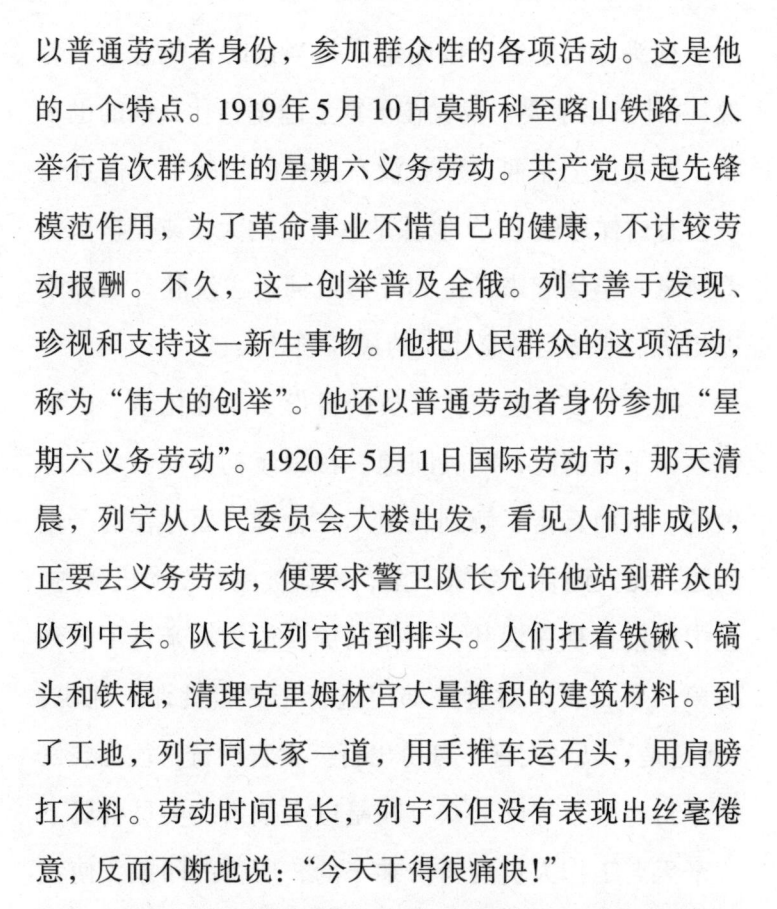

以普通劳动者身份，参加群众性的各项活动。这是他的一个特点。1919年5月10日莫斯科至喀山铁路工人举行首次群众性的星期六义务劳动。共产党员起先锋模范作用，为了革命事业不惜自己的健康，不计较劳动报酬。不久，这一创举普及全俄。列宁善于发现、珍视和支持这一新生事物。他把人民群众的这项活动，称为"伟大的创举"。他还以普通劳动者身份参加"星期六义务劳动"。1920年5月1日国际劳动节，那天清晨，列宁从人民委员会大楼出发，看见人们排成队，正要去义务劳动，便要求警卫队长允许他站到群众的队列中去。队长让列宁站到排头。人们扛着铁锹、镐头和铁棍，清理克里姆林宫大量堆积的建筑材料。到了工地，列宁同大家一道，用手推车运石头，用肩膀扛木料。劳动时间虽长，列宁不但没有表现出丝毫倦意，反而不断地说："今天干得很痛快！"

还有，列宁深入群众，调查研究，从不搞特殊化。他时常利用周日到农村去，深入民间，了解情况，对这些活动，他从不张扬，从不车水马龙，兴师动众，而是像普通人一样。到农民家，向农民买些食品，或是把自己带去的东西拿出来吃。在农村，除草棚外，他不愿意在任何阔气的地方住宿。好客的主人想给"客人"安置方便、舒适的睡铺，铺上什么东西，或是放个枕头，列宁都予以谢绝。每当这时，他总是笑着说："什么也不要，我就在干草上睡觉，什么铺的也不要，要是铺上东西，那就没有这样的风味了，而且也不会有这样舒服了。"他总是拿自己的大衣或是被单盖着睡觉；早晨起来，走到井边或河边去洗脸。谁都难以相信，他就是国家伟大的最高领导人。

列宁常以普通工作人员的身份，隐姓化名，出外考察，了解情况，解决问题。1922年初，他就是这样做的。从而真正了解到轨道车在管理方面存在的严重问题：无人照管，残缺不全，燃料被盗，发动机糟透，途中抛锚，秩序混乱，工作马虎。他根据亲自了解到的第一手材料，对有关部门进行了严肃批评。他说："我这是不以'大官'身份出行。大官出行，往往要发几十封专电，兴师动众。我是以全俄肃反委员会属下一个无名工作人员的身份乘车的，所得的印象，使我十分懊丧。"列宁依据自己了解到的真实情况，向有关方面提出建议，迅速改进工作。

第一个社会主义国家的领袖 **列宁**

## 相关链接
*XIANGGUAN LIANJIE*

### 蜜蜂引路

1922年,列宁住在莫斯科附近的一座小山上。当地有一个养蜂的人,列宁常常请他来谈天。

有一回,列宁想找那个人谈谈怎样养蜂。可是往常派去找他的人到莫斯科去了,别人都不知道他住在哪里。列宁知道离得不太远,就亲自去找。

列宁一边走一边看,发现路边的花丛里有不少蜜蜂。他仔细观察,只见那些蜜蜂采了蜜,飞进附近的一个园子里,园子旁边有一所小房子。列宁走到那所房子跟前,敲了敲门,开门的果然就是那个养蜂的人。

养蜂的人看见列宁,惊讶地说:"您好,列宁同志。是谁把您领到这儿来的?"列宁笑着说:"我有向导,是您的蜜蜂把我领到这儿来的。"

政治家卷

## 以身作则，鞠躬尽瘁

> 一个人是否伟大，不是由自己来决定，而是由周围的群众公认。
> ——池田大作

**1. 谦逊谨慎，遵纪守法**

列宁作为党和国家的最高领袖，他在人民群众中间，有崇高威信。但是他从不自以为是，唯我独尊，骄傲自满，始终保持谦虚谨慎的高尚品格。

列宁在个人与群众、个人与党的关系问题上，始终保持清醒的头脑，从不突出个人。这从他对拍照和挂相片的态度上表现出来。

列宁一般是不让人给他拍照的。只有实在必要，或者摄影师强求时，才能替他拍下一张照片。1919年"普遍军训节"那一天，摄影师要拍纪录影片，打算突出列宁个人。列宁对他说："同志，给我少拍些，多拍那些来听我讲话的人，那些到前线去的同志。"1920年"五一"劳动节，列宁同人民委员会的工作人员以及工人、战士一道参加共产主义星期六义务劳动，一位摄

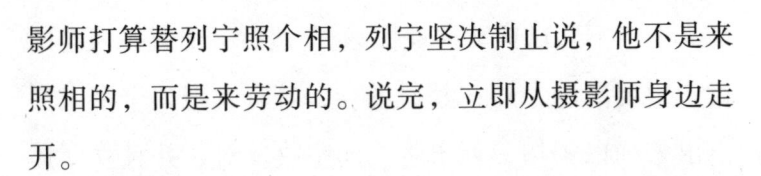

影师打算替列宁照个相，列宁坚决制止说，他不是来照相的，而是来劳动的。说完，立即从摄影师身边走开。

挂他个人的相片，是列宁决不容许的事。不论在克里姆林宫的办公室，或者在人民委员会机关哪个房间，只要列宁能经过的地方，都不准许挂他个人的照片。他只要一看见有他的个人相片，就会生气地把它扯下来。

列宁反对突出个人，还表现在他出席会议上。1918年8月16日，列宁去莫斯科参加党委会议。当列宁走进会议大厅时，有位工作人员从座位上站起来，鼓掌欢迎他。列宁很不高兴，严肃地对他说："同志，

→ 列宁头像纪念币

请坐下，不要这样无谓地忙碌。"然后，他就提议立即讨论重要问题。对在其他场合，若有人把列宁个人突出出来加以颂扬，列宁也一向坚决反对，并且立即提出批评。有一次在苏维埃代表大会上，有一位党员代表发言，开头就称列宁是"亲人""养育者"。列宁坐在主席台上，听了之后，非常气愤，他说："这不是胡闹吗?!"

列宁反对突出个人，表现在各个方面。1920年，俄共（布）和十月革命历史资料收集委员会决定着手为未来建造列宁纪念馆搜集材料。当俄共（布）中央党史部负责人，向列宁汇报这件事时，列宁对他说："您不可能想象，常常把我个人提出来，这使我感到多么不愉快！"1922年年初，电影事业局负责人写了电影剧本《弗拉基米尔·伊里奇·列宁》，请求列宁准予拍摄成革命历史艺术片，列宁对此事，经过认真考虑后，断然予以拒绝。

1918年8月列宁遇刺，伤势严重。这件事震惊全国，群众纷纷举行集会，声讨敌人，同时祝愿列宁早日恢复健康。人民委员会办公室每天都收到来自各地询问列宁病情的电话、电报和信件不计其数。到人民委员会来慰问列宁的工农兵群众代表团络绎不绝，各种报纸每日发表列宁病情公报，刊登一些报道革命群

众对此事反应的通讯、机关团体的决议和爱戴、拥护、颂扬列宁的文章。

列宁在医生的抢救和治疗下，脱离危险，身体状况逐步好转。1918年9月中旬，列宁带病重新开始工作。他走进自己的办公室，先翻阅半个多月以来的报纸。不到半小时，他连续不断地按电铃，传唤人民委员会办公室主任。办公室主任不知道那里发生什么重要事情，惊慌跑进列宁的房间，只见列宁满面怒容。他指着报纸上那些在他名前加了种种尊崇词句的大字标题，怒气冲冲地说："这是怎么搞的？你怎么能容许他们这样做呢？你看一看，报纸上写了些什么？写我，我这样啦，我那样啦，全是夸张；说我是天才，是什么特殊的人。我们一辈子都从思想上反对夸大个人，我们早已同英雄问题决裂，可是这里不然，又推崇起个人！这是极端有害的、反马克思主义的。你看看，到处都是我的相片，躲都躲不开。这是不能容许的，毫无必要。我是同大家一样的人。最好的医生给我治病，还要怎样呢？群众享受不着这样的护理和治疗。我们还做不到使人们都能得到这一切。"办公室主任担心列宁这样激动，会伤害身体，在他稍微平静之后，便把列宁被刺后在全国引起的焦虑不安情形、人民的关怀和热爱领袖的动人情景告诉了他。列宁听后，深情而又严肃地说:"这一切是令人感动的……不应当引导群众过分注意只涉及到一个人的事情上。这是不必要的,是有害的。这违反我们对个人作用的观点。你们替我办办这件事情,立即到各报编辑部去,不要责备他们,要委婉地转告我对你们说的话。他们是有头脑的,从明天起,停止做这种突出个人的事情,让报纸版面登载更需要的、更有意义的东西。"第二天,全国各报只发表列宁康复并已工作的消息,宣传领袖个人的调子降了下来。

← 列宁与高尔基

1920年《共产国际》杂志第12期作为社论,发表了俄国著名作家高尔基写的歌颂列宁的文章,其中充满对伟大领袖列宁爱戴的感情,然而文词中也流露一些个人崇拜的色彩。对此,列宁很生气,他请来高尔基,批评他,同他谈了很久,并且要求立即把文章取消。由于杂志已经印发,于是列宁就起草了政治局关于《共产国际》杂志刊载高尔基文章的决议草案。他指出,我建议在政治局征集签名,中央政治局认为在《共产国际》第12期上登载高尔基的那篇文章,就是那篇社论,是极不妥当的,因为这篇文章不但没有任何共产主义东西,相反有许多反共产主义东西。今后,此类文章无论如何不得在《共产国际》上刊登。

1920年4月5日,参加俄共(布)第九次代表大会的一些代表提议,在这天闭幕会上庆贺将要到来的列宁50寿辰。这项提议得到与会代表的一致赞同。列宁坚决反对,他提议讨论党和国家面临的迫切问题。代表们不同意,便开始致祝辞。列宁听不下去,离开会场;从会场外又一再挂电话催促大会主席阻止这些颂扬他个人的讲话。同年4月22日,俄共(布)莫斯科委员会举行庆祝列宁50寿辰晚会。事先邀请列宁到会参加。他却直到大会快要结束时才去,并在会上发表一篇给全党敲起警钟的讲话。列宁首先感谢大家对他

← 圣彼得堡街头的列宁塑像

的祝贺。他说要"逐渐地创造出一种更合适的祝贺仪式,来代替以前流行的那种有时竟成了绝妙的讽刺对象的祝贺仪式"。接着,列宁拿出一幅著名画家讽刺米海洛夫斯基(民意党领袖)庆寿的漫画给大家看,希望今后根本免去这种祝贺仪式。然后,列宁谈论布尔什维克党的现状,批评党内日益滋长的骄傲自满情绪。列宁说:"这是十分愚蠢、可耻和可笑的。""大家知道,一些政党在它失败和衰落之前,往往骄傲自大。"列宁要求全体党员,都要加倍地估计这种危险。最后,他语重心长地说:"我希望我们无论如何,不要使我们党落到骄傲自大的党的地步。"

谦虚谨慎是共产党员的优秀品质。列宁谦虚谨慎,对任何事情又都非常认真,保持这种态度。

1922年3月27日,是俄国《贫民报》创刊4周年纪念日。事先,编辑部请求列宁写一篇文章。他很快将文章写好。在给报社寄稿时,列宁附了一张便条写道:"我不能为《贫民报》4周年纪念日写出什么适用的东西。附上的一篇如合用,请刊登;如不合用,请投进纸篓,这样会更好些。"报社编辑部读了这张便条后,都感到惊异。因为几乎没有一个作者不把自己的文章,看作是成功的作品,希望全文刊登在报纸最近一期上,并盼望登在"显著的地位",而列宁却是如此谦虚地看待自己的文章。

在社会主义条件下,法律是人民意志的集中体现,纪律是贯彻执行路线的保证。它们对执政党的建设、国家机关的运转、社会的稳定、人民权利的保障,具有重要意义。列宁不仅关心法纪的制定和宣传,而且自觉地、模范地遵守国法党纪。

第一,制定和宣传法律。伟大十月革命胜利后,列宁就酝酿和着手制定人民法律的工作。1918年4月,他邀请司法人民委员部部务委员讨论出版《法令汇编》、编纂法典等问题。同年7月,第一部苏维埃宪法制定出来,并且颁布。法律制定后,列宁非常重视对它的宣传。1918年11月8日,全俄苏维埃第六次非常

代表大会通过一项关于革命法制的决议，号召全体公民、所有机关和全体公职人员要严格地遵守国家的法律、中央政府已颁布和正在颁布的决定、条例和命令。为了宣传法制，列宁还亲自编辑一本以《请遵守苏维埃共和国法律》命名的书出版。列宁提议，将它分发给人民委员会全体委员，人手一册。

第二，应严格执行法律，依法办事，不搞特殊例外。1919年2、3月间，有个女工作人员得到人民委员会办公厅女同志们的推荐，人民委员会秘书福齐也娃提议录用她到人民委员会秘书处工作，遇到人民委员会办公厅主任的反对，说这样做违反《关于不准许亲属同在一个苏维埃机关工作的法令》，因为被推荐者的姐姐，当时在人民委员会工作。于是福齐也娃专门写信给列宁，说这位同志是位"很可贵的工作人员，我们正需要她"，并且说"难道法令不能规避一下吗？"列宁随即回个便条说：规避法令是不行的，仅仅因为提出一个这样的建议，就应该送交法庭审判。但通过中央执行委员会做例外处理是可以的，我也建议这样做。事过之后，列宁经过考虑，很快对自己意见的后半部分发生怀疑，接着他写了第二张便条：必须了解法律，我现在不记得，做例外处理应通过谁？

第三，自觉遵守法纪。列宁从不超越法律规定去

干预不在他工作范围内的事或决定不应当由他决定的问题。1919年2月24日,他写给一个纺织厂工人代表的信,就充分地说明这一点。他写道:"兹证明达尼洛夫纺织厂的代表同志们到我这里谈过配给他们的纺织品问题。由于这个问题是由中央执行委员会主席团决定的,而根据宪法规定,中央执行委员会主席团高于人民委员会,所以无论我这个人民委员会主席,还是人民委员会,都无权改变此项规定。"

1918年上半年人民委员会总务处处长布鲁也维奇,为了关心列宁的健康、改善他的生活,征得委员会秘

← 列宁诞辰115周年纪念邮票

书的同意，提高了列宁的工资。列宁为此事严肃地批评了他，并写了一张便条："鉴于您不执行我的坚决要求，即向我说明为什么从1918年3月1日起，把我的薪金每月500卢布提高到800卢布；鉴于您擅自根据委员会秘书尼古拉·彼得罗维奇·哥布诺夫的同意就提高我的薪金的公然违法行为，直接破坏了人民委员会1917年8月23日的法令，我宣布给您以严重警告处分。"

**2. 发扬民主，自我批评**

列宁作为党和国家的最高领导人，在领导工作中，始终坚持民主制度，发扬民主作风，从不专断独行，搞"一言堂"。他实事求是，严以律己，一经发现错误，就坚持真理，修正错误。他说："一个政党对自己的错误所抱的态度就是衡量这个党是否严肃认真，是否真正履行它对自己阶级和劳动群众所负义务的一个最重要最可靠的尺度。"

集体领导是民主制度和群众路线在领导工作中的体现，集体领导原则是党和国家领导工作的最高原则。

列宁作为党和国家的最高领导者拥有极大的威信和权力，但是他一贯坚持这一原则，从不单独决定那些属于某个领导机关权限范围内讨论和解决的问题。

第一个社会主义国家的领袖 **列宁**

列宁领导的俄共（布）中央委员会，坚持实行真正的委员会制度，中央委员会所有成员的权利和义务都是平等的，其中任何人都不能有任何特权。在通过提案时，要进行集体投票表决，严格执行少数服从多数的原则。

在一切重要问题上，列宁同政治局委员和中央委员会委员、人民委员会以及其他领导工作人员，充分交换意见。在列宁主持的政治局，即使在战争紧张的日子里，有的政治局委员不在首都，列宁也总要同在首都的政治局委员商量，实际构成政治局中的多数，才作出重要决定，而决不由个人说了算，决不随意发

→列宁与夫人克鲁普斯卡娅

布个人指示。

列宁在坚持集体领导的同时，还充分注意分工负责制度。他一贯主张，各部门的主管机关，要独立地解决属于他们职权范围内的各项重大问题。他坚决反对事无巨细，都要送交人民委员会主席签署的做法。1921年9月的一天，列宁写信给粮食人民委员部说："我认为，将所有这类电报送给我签署，是不对的。应该，也许是逐渐地，但总应该，而且一定要教会人们（包括省执行委员会）听从指示，不必非我签署不可。"为在苏维埃机关实行这种正常的工作制度，列宁要求工作人员，在处理问题时，发挥更大的主动性，养成负责处理各项主管事务的习惯，并且自行对其负责。

列宁在重大政策制定之前，从不要求把自己个人意见看作是无须讨论的。他向来注意倾听别人的意见，让更多的人，尤其是领导者发表看法，经过充分讨论，集体决策。

1921年的上半年，用实物税代替余粮收集制的重大政策的制定，充分证明了这一点。列宁亲自访问了莫斯科省的一些农村，获得大量的实际材料。这是第一步。列宁参加了苏维埃第八次代表大会非党农民代表的会议，从他们对农村生活状况重大问题的讨论中，得到了许多收获。这是第二步。列宁把自己所记录的

农民发言的笔记分发给中央委员们和人民委员会的委员们，广泛征求他们的意见，共同分析、研究探讨这个重大的政策问题。这是第三步。1921年1、2月，列宁接见了特维尔、唐波夫等许多省份的农民代表。几乎所有这些农民代表，都告诉他，废除余粮收集制、实行粮食税，是必要的、正确的。列宁同农民代表谈话后，对农村状况和农民情绪作出正确判断。列宁又同党和国家的其他领导人，同地方的党政工作人员反复讨论，广泛商量，征求意见，最后集体讨论，作出决策。这一切都表明，在制定党的政策时，列宁是怎样重视发扬民主，实行民主决策的。

根据民主决策的原则，列宁认为，在决议和指令通过之前，要充分讨论，然后再由领导机关批准。1921年5月，列宁为劳动国防委员会起草了《给各地苏维埃机关的指令》。根据他的建议，这个文件草案，先后在第四次工会代表大会、第四次最高国民经济会议、第十次党代表会议及全俄中央执行委员会常委会上，进行了认真的、详细的讨论，经过广泛讨论之后，才于1921年6月30日经全俄中央执行委员会主席团最后批准。列宁认为，由党、苏维埃、经济机关和工会的广大工作人员讨论"指令"这一事实本身，便是检查"指令"的正确性、保证它能迅速和顺利实现的最

←列宁像

重要的条件。

　　列宁的民主作风，还表现在听取意见时，不是以先入为主，而是兼听各方面意见，权衡多方面的意见，尤其重视那些"内行人"的、有关直接负责同志的意见，最后断定是非，作出符合实际的结论。例如，1921年9月，油页岩工业管理局长给列宁写信，提出不要把他的得力助手调到巴库的要求。他的助手是油页岩方面的专家。在如何更好地使用专家问题上，列宁并没马上表态赞成或反对。他给最高国民经济委员会副主席写信，征求他的意见，又给人民委员会办公厅主任写信，要求他紧急地同巴库油田商量。经过多方面了解和征求意见，列宁否定油页岩管理局长的要

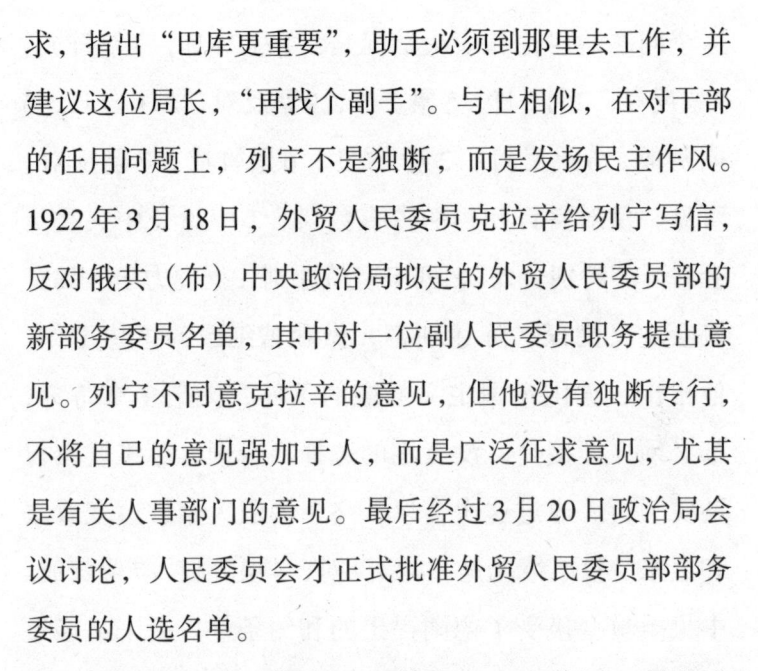

求,指出"巴库更重要",助手必须到那里去工作,并建议这位局长,"再找个副手"。与上相似,在对干部的任用问题上,列宁不是独断,而是发扬民主作风。1922年3月18日,外贸人民委员克拉辛给列宁写信,反对俄共(布)中央政治局拟定的外贸人民委员部的新部务委员名单,其中对一位副人民委员职务提出意见。列宁不同意克拉辛的意见,但他没有独断专行,不将自己的意见强加于人,而是广泛征求意见,尤其是有关人事部门的意见。最后经过3月20日政治局会议讨论,人民委员会才正式批准外贸人民委员部部务委员的人选名单。

列宁在领导工作中,坚持发扬民主作风,贯彻少数服从多数、个人服从组织的原则。但有时真理在少数人手中,列宁不同意多数人的意见。他遵守多数人通过的决议。同时坚持原则,摆事实、讲道理,做思想教育工作,争取多数,作出正确的抉择。

1918年新生的苏维埃政权处于交战的危难之中,为了摆脱战争,取得喘息时机,必须与交战的德国谈判并签订苛刻的和约。当时国内反动势力和俄共(布)内的机会主义分子托洛茨基,疯狂地反对和谈。那时在革命队伍内部,大多数中央委员和团结在中央周围的同志,也都反对列宁的主张。中央委员会开会,对

这个问题的讨论和表决情况是：1月24日，7票赞成，9票反对；2月3日，5票赞成，9票反对；2月17日，5票赞成，6票反对；2月18日，6票赞成，7票反对。可见，反对签订和约的占多数票。2月23日中央委员会召开"特别会议"，列宁坚持原则，据理力争，揭穿机会主义阴谋，陈述利害，做艰苦细致的思想工作。他指出，德国帝国主义强盗的条件，无论多么苛刻，都必须立即接受，没有别的选择。否则，苏维埃政权就要夭折。通过这次会议，终于说服大家，改变看法和主张。投票情况是：4票反对，4票弃权，7票赞成。中央委员会接受了德国提出的和约条件。后来又经过俄共（布）"七大"和苏维埃"四大"，以多数票，批

←列宁像章

准了和约。列宁坚持原则,说服多数,使正确路线赢得胜利,挽救了苏维埃政权。

1920—1921年苏维埃俄国,国内战争结束。由于经济遭到严重破坏,人民生活困难重重。要改变这种状况,必须从实际出发,迅速恢复和发展国民经济。为此,列宁经过调查研究、征求意见,决定采取一系列新经济政策。其中之一是"租让制"。这种制度就是与发达的资本主义国家订立合同,把国有化的大工业企业租给外国资本家经营,作为俄国从这样的国家取得技术、资金、经验、人才及其他利益和帮助的手段。可是,租让制的施行,遇到不少的阻力。有不少是来自党内的思想障碍。有人讲:"不要把我们的亲娘俄国,用租让办法出卖给资本家。"他们反对同资本家做生意。列宁耐心教育党员和群众。他指出,租让要付给资本家一些"好处",但可以从资本家那里取得利益和帮助,以便恢复大工业,发展生产,改善人民生活。这根本谈不到把俄国卖给资本家。同时租让条约有一定期限和协议的限制,是必须遵守的。列宁从实际出发,坚持原则,据理说服群众、干部,才顺利通过和执行这项政策。

列宁是俄国共产党(布)伟大领袖,是苏维埃国家最高领导者,他的言行,绝大多数是正确的。但是

在工作中，也有失误的地方。列宁从不掩盖错误，而是坚持真理、修正错误的模范。

首先，他虚心听取批评，勇于改正自己的错误。1920年4月，列宁写了《共产主义运动中的"左派"幼稚病》一书，由于对情况了解得不够，在书中不准确地批评了荷兰共产党。为此，在莫斯科参加共产国际"二大"的荷兰共产党代表团提出意见。列宁接受意见，不仅修正了书中的有关部分，而且在后来所写的"增补"中，还把荷兰党的意见作为该书的一部分吸收。列宁作了下述说明："在本书俄文本中我谈到整个荷兰共产党在国际革命政策方面所采取的行为的地方，有点不正确，因此我乘着这个机会把我们荷兰同志关于这个问题的一封来信发表在下面，并且把我在俄文本中所用的'荷兰论坛派'一词，改为'荷兰共产党的某些党员'。"

其次，发现错误，承认错误并予以纠正。在俄国建设社会主义是开天辟地的大事，过去没有经验，又面临各种困难，不免干出一些蠢事、错事。例如，军事共产主义时期，列宁想采取直接向共产主义过渡的办法，废除商品、货币，产品直接分配。后来，列宁发现错了，必须保留商品、货币，利用价值规律，采取"迂回"办法，向共产主义过渡。他对错误从不隐

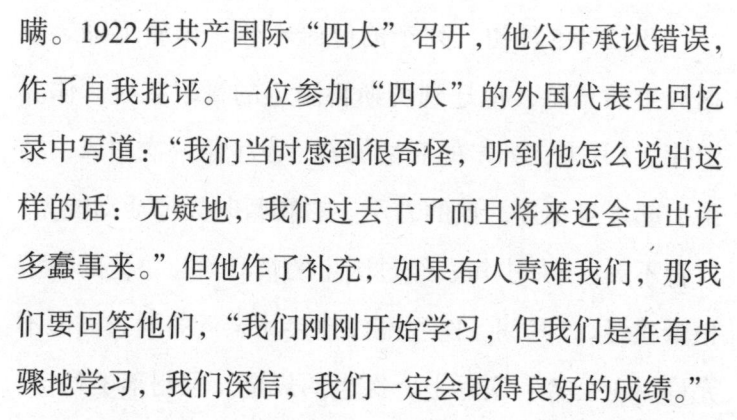

瞒。1922年共产国际"四大"召开，他公开承认错误，作了自我批评。一位参加"四大"的外国代表在回忆录中写道："我们当时感到很奇怪，听到他怎么说出这样的话：无疑地，我们过去干了而且将来还会干出许多蠢事来。"但他作了补充，如果有人责难我们，那我们要回答他们，"我们刚刚开始学习，但我们是在有步骤地学习，我们深信，我们一定会取得良好的成绩。"

再有，善于自我批评。有这样一件事可做证明。列宁曾经信任过一个他所亲近的干部尼同志并委任他担任了重要的行政和经济事务工作。可是，经过一段时间之后，人民委员会却收到了不少来信报告，说这个干部重用坏人，因而使工作受到损失，产生很坏的影响。列宁听到这些反映，就亲自派人调查，结果情况属实。他心情沉重地说："过失原在我，如果我不派他到那里去就不会有这种事了。"不久，尼同志被解除了他所担任的工作。

### 3.孜孜不倦，竭力工作

长期以来，为党和人民的事业，列宁孜孜不倦地工作。1918年8月，列宁受过重伤，伤愈后，又竭力工作。这样，他的身体日益衰弱，从1921年冬起，因身体虚弱，他不得已有时中断自己的工作。

1922年5月初，列宁的健康不佳、体质下降。根据医生的意见，他迁到莫斯科附近的哥尔克村，休养治疗，5月末，列宁的病情加剧，发生第一次中风，结果引起半身不遂。他的右手、右脚暂时失掉活动能力，口舌不灵。6月中旬，经过医生的精心治疗，他的病情稍微减轻。7月间，医生准许他接见亲近的同志，但不允许讨论公务。实际上，医生的规定，限制不了列宁。他同亲近的同志谈话、会晤，是不能不谈国家公务和世界大事的。

　　10月份，列宁的健康恢复后，开始进行紧张的公务活动，并要求看书。他给办公室秘书写信，让给他送些书来看。列宁渴望参加党务和国务会议，除非参加工作，他不能想象自己是怎样生活的。

　　1922年10月2日，列宁从哥尔克村移居莫斯科。翌日，他在人民委员会会议上担任主席，讨论公务。因健康不佳，医生给他规定严格的工作制度。限定他每天只工作5小时。从上午11点到午后2点，从午后6点到8点。除周日外，又规定他每周休息一整天。但是，列宁常常违背医生的规定。上午9点半，就到办公室来阅读大量报纸，10点45分叫秘书报告工作。午后2点回家时，他带着一大包文卷，6点回来时又带来很多委托秘书们要办的事情。补充的休息日，他也照

常紧张工作。

列宁的健康状况，是令人担忧的。他有时忍着疼痛而坚持工作，他主持召开的人民委员会会议，注意各种各样的问题：财政、电气化、租赁、船舶、居民调查以及其他许多事务；接待、谈话、写信、发工作指令、向群众大会致贺电；关心儿童教育、出版马克思恩格斯书籍；思考对外政策，写政论文章。1922年12月12日，这是列宁最后一次在克里姆林宫办公室工作。平时，列宁是不喜欢谈论自己身体情况的。但是，这次他对人讲，觉得身体更弱，夜不能寐。

1923年，他写了几篇政治论文。1月2日他用口授方式作了《日记摘抄》；1月4日和6日作了《论合作制》；1月9日、13日作了《我们应当如何改组工农检查院》；1月16日和17日作了《论俄国革命》；2月2—5日作了《宁肯少些，但要好些》。列宁在他最后的几篇论文中，对近几年来，党和国家的工作做了简要的回顾与总结，又考虑一些当前面临的迫切问题，拟定了俄国共产党（布）和苏维埃国家人民为之奋斗的伟大纲领。这5篇政治论文是列宁一生中最后的遗书，史称政治遗嘱。

1923年3月，列宁的病情恶化。3月9日发生激变，他已不能起床。从此之后，病势反复无常，极不

红场上，人们排成长队等候瞻仰列宁墓。

稳定。10月间，他身体稍好一点，到莫斯科逗留几个小时，先到会议厅，又到克里姆林宫办公室，又乘车在首都各中心街道上视察一趟，看了农业展览会，然后回到哥尔克村。这是列宁最后一次到莫斯科的情况。

1924年1月21日晚6点，列宁失去知觉。医生紧急抢救无效，午后6点50分，列宁逝世，享年54岁。在他最后的诊断书上，医生写道："弗拉基米尔·伊里奇的主要病症是过度的脑力劳动所引起的严重的脑脉管硬化。引起死亡的直接原因是脑溢血。"人力所不能负担的紧张、没有休息的工作、为了人民的事业和幸

第一个社会主义国家的领袖　**列宁**

福而进行的斗争,过早地夺去了列宁的生命。

1924年1月26日,全俄苏维埃第二次代表大会在莫斯科开幕。这次代表大会,主要是为追悼人民的伟大领袖而召开的。列宁的夫人和战友克鲁普斯卡娅,在会上发言。她说:"列宁的心充满了对全体劳动人民、对一切被压迫者的热爱。列宁把一生都奉献给为工人阶级事业、一切被压迫阶级的解放而进行的斗争。"她在结束自己讲话时号召:"全世界的劳动者,同心协力地团结起来,站在列宁的伟大旗帜下,站在共产主义的伟大旗帜下。"

列宁逝世后,各国的无产阶级革命家、政治活动家、共产党领导人和劳动人民的领袖,都发出唁电。

→列宁陵墓

高尔克村列宁故居内的雕塑：《为领袖送葬》

中国新民主主义革命的先驱、伟大的民主革命家孙中山称列宁为"国友人师"。他说，列宁的为人，"由革命观点看起来，是一个革命之大成功者，是一个革命中之圣人，是一个革命中最好的模范。"

列宁的名字和列宁的事业将永世长存。

## 相关链接

### 列宁的名言

劳动者的组织性、纪律性、坚毅精神以及同全世界劳动者的团结一致，是取得最后胜利的保证。

当前的任务是，即使在最困难的条件下，也要挖掘矿石，提炼生铁，铸造马克思主义世界观以及与这一世界观相适应的上层建筑的纯钢。

宁要好梨一个，不要烂梨一筐。

积极肯干和忠心耿耿的人即使只有两三个，也比十个暮气沉沉的人强。

判断一个人，不是根据他自己的表白或对自己的看法，而是根据他的行动。

只要再多走一小步，仿佛是向同一方向迈的一小步，真理便会变成错误。

爱国主义就是千百年来固定下来的对自己的祖国的一种最深厚的感情。

闪光的东西不一定都是金子。

最大的困难就是没有坚强的信心。

## 列宁墓

列宁逝世后,根据苏维埃第二次全国代表大会的决议,列宁陵墓建在莫斯科红场克里姆林宫墙正中的前面。最初根据设计师亚·舒谢夫的设计在三天内搭建了一座简易的列宁墓。接着很快建造了第二座列宁墓,于1924年8月1日开放供群众瞻仰,它虽然是木制结构的,但规模比较大,并且修建了观礼台,供苏联国家领导人在红场参加节日庆典时使用。

1930年10月,再次根据舒谢夫的设计方案在红场上建成了砖石结构的列宁墓,它保留了原建筑的基本结构,但更为气派、宏伟,占地面积增加了三倍多,比过去高3米,深红色的石榴石和黑色的大理石使其更加庄严肃穆。墓中安放着置有列宁遗体的水晶棺。

为了使列宁遗体始终处于适宜状态,专家们使用一种专门配制的气溶胶液对遗体皮肤做湿润处理并采取了其他一些必要的防护措施,列宁遗体的组织和细胞保存完好,外形几乎未发生变化。自1924年1月27日列宁遗体安置在陵墓中以来,每年有很多国内外游人前来瞻仰列宁遗容。